AF432172

CLEVERMAN

No se los digas...

SECRETOS DE SEDUCTOR

México, 2023

Secretos de seductor. No se los digas.
Primera edición.
© Cleverman, 2023.

*La verdadera ignorancia no es la
ausencia de conocimiento, sino el hecho
de negarse a adquirirlo.*

Karl Popper

Prólogo

Advertencia. Este libro es sólo para mayores de edad.

A partir de hoy tu vida cambiará; has dado el paso que te faltaba para adentrarte en el mundo que muy pocos están dispuestos a explorar. En tus manos tienes una obra que se ha desarrollado mediante pruebas y errores, así como estudios acerca de cada uno de los capítulos que en ella se abordan. Debes tener la certeza de que realmente funciona lo que te digo, porque está comprobado por decenas de hombres que decidieron poner en marcha mis consejos. Muchos de ellos, incrédulos al principio, posteriormente fueron asombrados por los resultados tan positivos al poner en práctica lo que les he aconsejado. Hay quienes han aportado sus experiencias como parte de las prácticas de campo, como yo les llamo, y han visto todos los beneficios de mis técnicas.

Solamente te pediré una cosa, una vez que leas este libro y lleves a cabo mis técnicas, compárteme tus experiencias, para que formen parte de los maravillosos resultados que he obtenido con todos mis lectores y dejen testimonio de sus grandes éxitos en su transformación, es decir, dejar de ser betas para convertirse en alfas.

Este libro está escrito con el estilo jerga, el cual, como notarás, ayuda a entender las cosas tal y como son, de una manera simple.

He aquí la razón de plasmar parte de los conocimientos adquiridos por muchos años, que son oro molido, si los pones en práctica. Esta obra es solamente para quienes han decidido cambiar su vida y están dispuestos a dejar de ser el "qué lindo" de las chicas. Esta es una herramienta para afrontar un mundo de mujeres que no tienen piedad.

Psicología oscura

Tendré que hablarte un poco sobre lo que trata este tema, para dar inicio con tu transformación. La *Psicología oscura* es una serie de conductas que se emplean para aprovecharse de alguien a quien se le considera más débil o vulnerable, alguien a quien se le puede leer e influenciar de manera fácil para obtener un beneficio; por ejemplo, para retener un amor, manipular y hacer que alguien haga lo que tú quieras, para persuadirlo de alguna cosa. Esto es tan común para un manipulador, que puede leer fácilmente a su víctima.

Víctor Sykes, en su libro sobre *Psicología oscura*, explica que entenderla no sólo es una medida de defensa y que, si la conocemos, podemos estar atentos por si alguien quisiera usar estas técnicas con nosotros mismos. Lo importante es que tú conozcas para qué sirven estas técnicas y que las apliques en tu beneficio, al grado de que las puedas usar, inconsciente o intencionalmente, para lograr que una mujer caiga rendida de amor por ti. Esto será como untar miel a una rebanada de pan y la mujer en cuestión accederá a tus peticiones amorosas, incluso a otras solicitudes que no tengan nada que ver con el tema. Para esto tendrás que llenar de amor a esa persona, hacerla sentir bien y aumentar las probabilidades de que haga o te ayude en tus actividades. De igual manera, con amor puedes lograr que tu víctima sienta algún tipo de apego a tu persona, para después negarle tu amor. Esta parte podrá parecer algo *culero* para la víctima, porque existe el riesgo de que se sienta perdida y que la has abandonado o que ya no tienes interés en ella. El trabajo del manipulador es retener el afecto y el amor hasta obtener lo que se desea. Mentir debe ser un recurso, también puedes decir una verdad parcial o con exageraciones, para obtener lo deseado y posteriormente aplicar la retirada de manera silenciosa.

Durante el proceso, debes ofrecer una serie de restricciones para que la mujer-víctima sienta que tiene opciones, pero al final sólo la distraerán y no las tomará. Debes aplicar la psicología inversa cuantas veces sea necesario, es decir que le dirás cosas de modo que sabes que hará lo contrario, que es justo lo que tú, como su manipulador, quieres. Recuerda que manipular las emociones de las mujeres es importante, ya que tendrás el control emocional sobre ellas y, una vez que lo logras, ya lo demás es otra historia, mi *lord*.

Para que no descubran que estás tratando de manipular a tu víctima, debes aplicar la manipulación encubierta, que no es nada más que darles forma sigilosa a tus propósitos para que no puedan ver la naturaleza de tus verdaderas intenciones. Te recomiendo leer *Psicología oscura*, de Víctor Sykes. En dicho libro, hay un ejemplo de una pareja romántica controladora, en donde una mujer está en una relación y su pareja está tratando de controlarla; la mujer se disgusta una vez que descubre a su hombre intentando controlarla y ella quiere encontrar una manera de salir de tal situación. El hombre, al darse cuenta de que ella lo está descubriendo, ejerce su influencia de manera más encubierta, pues él no desea que ella sepa que está siendo controlada. Si el manipulador tiene éxito, la mujer continuará siendo su víctima emocional.

Víctor Sykes, a una de las técnicas de manipulación, le llama *bombardeo amoroso*; si la analizamos sería prácticamente lo mismo que lo que yo aplico con el nombre de *técnica del maicito*. El *bombardeo amoroso* debe suceder cuando comienzan las interacciones con la víctima, lo que implica un despliegue intenso y contundente de muchos sentimientos positivos hacia ella; de esta forma el manipulador está tratando de causar daño a alguien creando un sentimiento intenso de afecto, confianza y conformidad. Las mujeres con mayor probabilidad de ser manipuladas son las que parecen más solitarias, que buscan apoyo, consuelo y están desesperadas. El *bombardeo de amor* es un despliegue incondicional e intenso de positividad que viene de un manipulador a su objetivo y sucederá cuando los dos se encuentren y comiencen a interactuar. El propósito del *bombardeo* es ayudar a suavizar las defensas de la mujer para hacer que dependa cada vez más de su manipulador, y esto ayudará a establecer una relación o cualquier otra interacción emocional y física, que es la principal finalidad. Es en este momento cuando ganarás, ya que tu víctima se comportará de una manera específica y no tendrá conciencia de lo que está haciendo y mucho menos le preocupará cuestionarse por qué lo hace; en este proceso la víctima perderá lentamente la confianza en sí misma y la confianza será transmitida o delegada a ti, a su manipulador. Ahora, el trabajo del manipulador será no dejar que su víctima sepa lo que sucede, claro, sin perder la cordura.

Un seductor debe ser decisivo, porque el que escoge
y escoge… ¡No coge!

El que escoge y escoge... ¡No coge!

Para abordar este tema, te pondré en contexto sobre lo que voy a transmitirte. Comenzaré con la historia de Bryan, un chico que desde sus años de escuela solía ser muy selectivo con las compañeras. A él le gustaba Britany, típica niña guapa, la que a todos los niños de la escuela les gustaba. La chica era, para esa edad, muy atractiva, de piernas muy torneadas, de un buen tira maíz. ¡Qué te digo! Sabrosa la cosa a simple vista. Un día, en el salón de Bryan, se armó un gran alboroto en el que los personajes estelares eran Paola y Máximo, dos compañeritos del mismo salón, Paola era amiga de Arleth, otra chava a la que Bryan le gustaba y a quien en alguna ocasión Bryan le declaró su amor por medio de cartitas y ella aceptó, sólo que duraron de novios un día. En fin, Máximo era un chico que había llegado de la ciudad y vestía a la moda, te digo esto porque no llevaba el uniforme; tenía poco que sus padres lo habían inscrito en esa escuela. Paola, desde el primer día de clase que lo vio, quedó flechada y le declaró su amor con ayuda de Arleth y Sandy (otra chica algo cotorra; más adelante te darás cuenta por qué). Ese día del alboroto aprovecharon que el maestro estaba ausente. Se discutía cómo y dónde sería la fiesta, leíste bien, ¡una fiesta!, aunque no lo creas. Bueno, no fue tanto como una fiesta de pueblo, la cosa es que se trataba de un buen cotorreo, ya que Paola y Máximo estaban organizando su propia boda, así como lo escuchas. Esos púberes estaban organizando un ritual donde se jurarían amor y qué mejor que una boda a sus once años. Cotorro el asunto… Se escuchaban gritos de quién sería el padrino de velo, ramo, arras, anillos, arroz; quién la haría de padrecito; quién sería el monaguillo; quién sería el que entregaría a la novia; quién tocaría una lata de metal simulando las campanas de la iglesia; algunos discutían si habría comida, entre otras cosas. Llegó el día de la mentada boda, un viernes, por cierto, saliendo de la primaria. Paola y Máximo se encontraban camino al campo de fútbol ubicado a un costado de las aulas escolares. Ya todos reunidos, comenzó el ritual, era todo un *desmadre*, porque Sandy resultó que fue madrina de la mayoría de las cosas, para asegurarse de que no faltara nada y que se llevara a cabo la ceremonia religiosa, ese día Sandy llevó las arras de la boda de su mamá, así como el velo, lazo y anillos de oro de su madrecita santa. Arleth fue madrina de sándwiches; Vega la hizo del padrecito; Bryan, padrino de arroz, pero como no pudo robarse un kilo de arroz de la alacena de su casa, antes de dar inicio la ceremonia corrió hacia una milpa cercana para cortar una especie de planta verde en forma de arroz, pero fue tanta la prisa por recolectar dicha planta que hasta con catarinas iba su bolsa.

La ceremonia comenzaba y todo transcurría de maravilla, era una emoción tan grande, tanto para los novios, como para los invitados de honor. Mientras tanto, desde una barda mal hecha y a punto de caer, el grupo del 6o A se encontraba como espectador. En la ceremonia, todos se preguntaban: "¿a esos quién los invitó?" Se trataba de una ceremonia íntima, donde sólo los más allegados de la pareja de tórtolos debían asistir. A partir de este suceso se armó un reverendo *desmadre*, Bryan no podía aguantarse la risa de cómo Sandy o Sandunga, como todos le decían, dirigía todo; por cierto, ese día salió furiosa porque le perdieron las arras de oro de su mamá, todos sospecharon de Reynaldo. Bueno, lo importante es que ese día Máximo le juró amor, a su manera, a la primera chica que le aventó el cambio de luces. Él no se quedó mirando como todos los demás chavitos de aquel salón, esperando que alguna chica le hiciera caso, él aprovechó la oportunidad y al final de la ceremonia, Máximo, en aquella tarde, le dio unos besos a Paola que daban envida. La pareja duró de novios algún tiempo, incluso hasta la secundaria, donde compartían salón de clase con la mayoría de los amigos de la primaria de ese pueblo.

Un día, Britany le declaró su amor a Máximo, pero él la despreció por seguir de novio de Paola. Bryan seguía soñando con llegarle a Britany, pero nunca se atrevió, se escondía en su timidez. En realidad, era por *pendejo* o por lo que tú gustes. No todo era nublado y con truenos para Bryan, ya que entró a otra secundaria de un pueblo vecino, donde conoció a más chavitas que estaban aún más guapas que Britany. Bryan soñaba con las chicas populares de tercer año, a quienes por timidez no les hablaba.

En el primer grado de la secundaria, había una chica de nombre Idania, que era la más popular de su grupo porque todos los chicos de su salón querían con ella. Bryan era un personaje introvertido que no se atrevía a dirigirle la palabra a Idania. Un día, S. Silva se acercó a Bryan para decirle:

—¡Qué crees, qué crees!

—¿Qué? —contestó Bryan.

—¡Qué crees! —volvió a decir S. Silva.

—¡Ya dime! —dijo Bryan.

—¡Que le gustas a mi amiga! —dijo S. Silva.

—¿Quién es tu amiga? —preguntó Bryan.

—Ella —dijo S. Silva y le señaló de manera discreta a Idania. En ese momento volteó Idania, algo nerviosa y sonrojada. Bryan no podía creer que la chica más guapa de su salón le mandara a decir que le gustaba. Estaba muy sorprendido, ya que había un chico que se sentía el gran galán, de nombre Kevin, quien le tiraba macizo la onda a esa hermosa chica. Bryan no podía creer lo que la chismosa de S. Silva le estaba diciendo, ¿por qué él y no Kevin?

Al día siguiente, Idania le mandó a decir a Bryan, con la mentada amiga, que si quería ser su novio. El afortunado chico aceptó sin saber en qué consistía ser novios. Todos los días al tocar el timbre de salida de la secundaria, Bryan salía del salón rumbo a la parada de camiones a esperar su transporte junto con los demás amigos de diferentes grados que vivían por su pueblo y que por ser de noche se juntaban en grupitos para no irse solos. Harta de que su novio huyera, Idania le mandó a decir a Bryan que la esperara en las escaleras del edificio de los primeros. Bryan acudió obediente al sitio saliendo de clases y esperó a que llegara su novia, quien, por cierto, se tardó demasiado. Él comenzó a sentir que perdería el último camión hacia su casa. La cosa es que cuando ya no pasaban más alumnos por las escaleras, finalmente apareció Idania diciéndole de frente: "Hola". Algo nerviosa pero decidida, le robó su primer beso a Bryan. La chica tomó lo que quería de ese pobre hombre, para luego huir inmediatamente y alcanzar a su amiga alcahueta. Bryan se quedó sacado de onda, preguntándose: "¿Qué onda?… ¿Qué fue eso?" ¡Hasta la *ñonga* se le puso tiesa! Ja, ja, ja, ese beso le supo como a Cheetos, con salsa Valentina y muela picada; tuvo que ir al baño a enjuagarse la boca con agua de un tambo oxidado. Ese sabor de su primer beso le quedó toda la noche y la sensación le duró hasta el otro día.

Al día siguiente en clase, Bryan no le hablaba a su novia, pues no tenía idea de cómo se tenía que comportar con ella. Al enterarse las demás niñas de que eran novios Bryan e Idania, le empezaban a hablar al muy suertudo. Él comenzó a experimentar lo que era ser un chavo cotizado, deseado por las hembras. Sólo que cometió un error, y es aquí donde debes poner toda tu atención para que entiendas de qué estoy hablando. Idania veía a Bryan durante el recreo rodeado de lagartonas que le tiraban la onda. Aquí se puede apreciar el fenómeno de que cuando las mujeres se enteran de que alguien ya tiene novia, ese chico les resulta más interesante. Te preguntarás: ¿Qué es lo que tiene de atractivo Bryan que le pudo interesar a la chica más popular del salón de las lagartonas? La respuesta es muy sencilla, las mujeres se sienten atraídas por lo que ya tiene dueña. Dirás que suena a *mamada*, pero así es. Analiza: ¿Qué tiene de interesante el chavo que trae novia? ¿Qué tiene él que no tengan los demás? Te explicaba que Bryan cometió el error de que se le subió el ego de macho alfa y estúpidamente en su interior buscaba darle celos a su novia de manita sudada, para demostrarle que era todo un galán de telenovela de las 10 pm; esto ocasionó que Idania le mandara decir que ya no quería ser su novia. Como por arte de magia, las demás chavas, quienes desconocían este suceso, dejaron de sentirse interesadas en él. La razón era que Bryan ya no transmitía esa seguridad que le producía tener novia.

Pasaron los años, Bryan entró a la preparatoria y se repetía la misma historia. Seguía siendo muy bruto. De la misma forma, le llegó la Mapache, una chavita bonita que solía aplicarse sombras en los ojos, de apariencia medio mustia y muy guapa. Bryan aceptó ser su novio, porque no tenía nada que hacer. Ya le daba besos de lengüita a su noviecita, pero se sentía apenado con sus demás *compas* porque para él era incómodo andar de novio. Lo que no sabía era que los demás compañeros por dentro querían tener esa suerte que tenía él.

En el segundo semestre, Bryan conoció al Shocker, un chavo que iniciaba sus clases de trovador y para el quinto semestre ya se habían convertido en los guapos de la prepa (lo de guapos es porque los *cabrones* se sentían bien *pinches* guapos, pero no porque en realidad lo fueran, sino por el hecho de estar sobrados de seguridad que radiaban sin darse cuenta).

Bryan nunca aprendió a tocar ningún instrumento, pero le gustaba el *desmadre* de la rondalla, por el hecho de que no le cobraban las serenatas que daba en cada declaración de amor a las chavitas. En ocasiones había presentaciones fuera de la escuela, las cuales Bryan aprovechaba para brincarse las clases e irse con su cuate el Shocker y los demás integrantes de la rondalla.

En una de esas presentaciones, este dúo de galanes de lonchería de la Miguel Hidalgo invitó a unas chavas bien *pinches* feas (feas con efe de foco fundido) y las subieron al autobús escolar. Shocker se sentó con una de ellas en un asiento atrás del lugar de su amigo. Bryan, en su lugar, agarró a la *morra* que le dejó su *compa*. Más tardaron en sentarse que en empezar a interactuar cada uno con su *power ranger*. Mientras avanzaba el camión sobre las avenidas de la gran ciudad, Bryan volteaba a ver de reojo hacia los asientos aledaños para asegurarse de que no lo vieran (según él no lo veían), pero cómo no lo iban a ver si ya parecía becerro de año; ¡qué decir del Shocker!, parecía que se había dormido reclinado con los ojos en blanco y se apreciaba a su compañera de asiento que sacudía su mano izquierda tratando de quitarse las telitas del engrudo que tenía entre los dedos.

Llegando a la presentación, antes de llegar al sitio, se habían cambiado de lugar para que no los vieran bajar con ellas, ¡pero *qué madres*!, si ya todos los habían visto, hasta el profesor Benito Bodoque de Propedéutica. Al bajar del autobús y con sonrisa picarona le preguntó al dúo: "¿A ustedes qué les pareció el viaje?".

Así como esta historia, hubo una infinidad de ellas. En otra ocasión, el Shocker convenció a su maestro de rondalla para que llamara a la casa de una compañera e inventara una supuesta presentación fuera de la ciudad. El *profe* de la rondalla habló a la casa de la chava y les dijo a sus padres que esperaba que la chica asistiera a dicha presentación, porque era algo muy importante. Para no hacer tan largo el cuento, el profesor logró que los padres dejaran ir a la chica a la supuesta presentación. Obviamente, la presentación era una mentira, ya que la chica y el Shocker se habían puesto de acuerdo para pasar una noche juntos, en algún lugar de cinco letras, donde harían el amor desenfrenadamente como un par de cerdos (diría La Trakalosa). Todo sucedió un fin de semana, cuando San Juanico ardió en llamas (ja, ja, ja… eso fue *mamada* mía). El caso es que el Shocker y la chica no llegaron a su casa, aquel lugar explotó en sexo y se entregaron al rojo pasión.

Con el paso del tiempo, el profesor se casó con esa misma chica, aunque sabía lo que había pasado con su alumno. En fin, él no era muy agraciado y fue lo que pudo agarrar, ya para su edad. Muchos de la rondalla decían que para él fue como si hubiera comido un corte fresco de carne magra.

Cada presentación era una oportunidad para agarrar lo que se moviera. El lema de aquellos dos era: "No soy Dios, para perdonar". Ese fue el principio de unos aprendices de seductores. Años después, ambos compartieron experiencias, se dieron cuenta de que si se dedicaban a andar escogiendo y escogiendo se perderían la oportunidad de enroscar el tornillo en la tuerca.

Al salir de la prepa, cada uno tomó un rumbo diferente y tuvieron nuevas experiencias. Shocker anduvo de picaflor por todo el ejido de San Juanico y anexas; después de arrasar con la mayoría de la comarca, se juntó con una chava que conoció en una tocada y se fueron a vivir con los suegros. El Bryan se enfocó al estudio, con sus experiencias dignas de otros tomos. Conoció a otros viejos lobos de mar que lo ayudaron a reforzar sus aprendizajes. Comentaban entre ellos cómo ponían en práctica sus técnicas, aplicando la dialéctica. Para que te cultives un poco, te diré en qué consiste: es la técnica que se aplica en la filosofía desde Heráclito hasta Marx, pasando por Platón, Hegel y otros filósofos. Platón la usó como método para llegar al verdadero conocimiento, en cambio Karl Marx, para explicar la evolución del hombre. Literalmente

es el arte de la conversación. ¡Qué tal! No te la sabías,
¿verdad?

Los huevos no son al gusto

Aún recuerdo cuando escuché por primera vez esta frase, fue cuando un conocido me contaba cómo era su relación con una de sus chicas. Me platicó sobre uno de sus fines de semana, me decía que había quedado con su novia oficial en ir al cine, de ahí, posteriormente, planeaban ir a partir el queso. Para esto, ella le llamó por la mañana, para desearle los buenos días y también para pedirle que antes de pasar por ella, le hiciera el favor de comprar unas cosas que le había encargado su mamá (ella no podía ir a comprarlas porque estaba ocupada), ya que si no iba por el encargo no la dejaría salir o, en el peor de los casos, tendría que ir acompañada de una de sus hermanas. Aquel hombre sabiamente dijo: "Esa vieja cree que estoy *pendejo*. En primera, su mamá quiere sacar provecho de que salgo con su hija, encargándole cosas que no me va a querer pagar, porque ella piensa que yo no le voy a cobrar por pena y que si le cobro daré a entender que soy bien *marro*; por otra parte, está condicionando a su hija que, si no sale con su hermana, no saldrá. Eso lo hace con la intención de que no me pase de listo y no quiera llevar a mi novia a la banca del sacrificio. Por la parte de que saldrá más tarde, eso es con la intención de que saliendo del cine las lleve a su casa, ya que seguramente le puso una hora de llegada".

En este punto de la plática, escuchando su análisis, dijo una frase célebre: "¡*Ni madres*, los huevos no son al gusto! Yo paso por ti a las 5 de la tarde, no voy a llevar lo que me pide tu madre, porque ando por otro lado. Tampoco quiero que vaya ninguna de tus hermanas con nosotros; si sales con una patraña de que vas a ir con una de ellas, te quedas. Sabes que te lo cumplo. Además, sabes que traigo muchas ganas de partirte, siempre sales tú con tus cosas. Ya sabes que, si tú no me atiendes, me puedo buscar a una que sí me atienda como me merezco".

Después de eso, le colgó y llegó por ella a las cinco de la tarde, justo como le había advertido. Te preguntarás, ¿qué paso después? Aquí viene lo interesante, cuando te valoras y te das la importancia que te mereces, el mundo gira a tu alrededor, como todo un macho alfa que se impone. Llegada la hora que indicó, su novia ya estaba lista y salió a encontrarlo en cuanto hizo sonar el claxon de su vehículo. Por supuesto que ella sintió pasos en la azotea, ya que se desconoce lo que le inventó a su mamá para para no llevarle las cosas que le había pedido y cómo hizo para que ninguna de sus hermanas la acompañara. Al final, sucedió lo que mi conocido planeó: no la llevó al cine, se fueron directo a un hotel de paso a *darle duro y tupido*, y ahí en ese lugar la castigó por su manera de actuar, por andar jugándole a la viva. En el éxtasis le repitió al oído: "Ya ves, mi reina, cómo me debes obedecer por tu bien, ya viste que los huevos no son al gusto".

Esa frase se me quedó grabada como la famosísima fórmula general de matemáticas. Con el tiempo, fluían las conversaciones con otros *valedores* alfa de nacimiento y así pude identificar otras formas de utilizar la misma frase: "*ni madres*, si no es lo que tú digas", "estás pero si bien *pendeja*", "ya te dije", entre otras. Un día, le pasé esta frase a un *compita*, le expliqué el contexto para que la aplicara en su relación, así como a otros conocidos, pero no les expliqué que esto formaba parte de mis experimentos. El resultado fue justo lo que esperaba, de cien individuos noventa y tres lograron hacer su voluntad, a los otros siete simplemente se los comieron, en otras palabras, sus mujeres pudieron más que ellos. Ese tipo de hombres son débiles de carácter, por lo que deben de trabajar más en su autoestima. Para que tengas éxito al aplicar esta frase, debes primero creer en ti, saber lo que vales, creerte todo un macho alfa y transmitirlo. Si no transmites eso, simplemente te verán como débil y sólo se reirán cuando la digas.

Una de las experiencias que me llamó la atención, fue la del Burro Wild, sobrenombre que se puso un chavo. Él contaba que por las noches una chica le mandaba WhatsApp cuando se dormían sus papás, sin importar qué hora fuera, así como escuchas. Si te digo que diario, sería poco. Cerca de las dos de la mañana, le escribía la chava diciéndole que fuera, que ya se habían dormido todos en su casa. Él, como *perro huevero*, salía de su madriguera, se iba *ipso facto* caminando varias cuadras, mientras ella lo esperaba en batita de seda viendo por una rendija del portón de su cochera. Esperaba impaciente que llegara su *picador* para dar rienda suelta a su *matutolagnia*, seguro que te preguntas y ¿esa *madre* qué es? es el gusto por tener sexo durante las mañanas.

Continuemos, apenas percibía ese agradable olor que dejaba la estela del perfume Eros de Versace que usaba su hombre y tan sólo lo veía a unos escasos metros de llegar, ella ya estaba abriendo sigilosamente una de las puertas del portón para dejarlo entrar a aquel paraíso terrenal. Te contaré una de tantas y tantas historias que tiene este hombre. Una de esas noches, más tardaba en entrar a su cochera el Burro Wild que ya la chava le estaba bajando el *pants* para sacarle la 45 y pegarse como chiva al pasto, como burra al maíz, se pegaba como tábano en fierro de burro que hasta la baba le escurría a la *perrita*. Ella sentía que mandaba ahí, se metía la 45 a la boca, se la sacaba cuantas veces quería, le pegaba sus marchatazos a la cabeza de hongo como si chupara una michelada con chamoy. Cuando ella se saciaba de sacarle el veneno a la cobra, se bajaba el tianguis empinándose tras la carrocería de una camioneta de tres y media toneladas que pertenecía a su papá. A ella le encantaba la 45 de su macho, así como le encantaba que en esa posición le acariciara los Totis y que se los exprimiera como limón a una herida. Ese día escucharon pasos que se acercaban, dejaron por un momento de echar patrulla, pues la chava dijo: "no *mames*, es mi tía". Más en *chinga* que en *ipso facto*, se metieron bajo la camioneta y la señora salió con una playera desgastada con logotipos de un partido político que permitía ver que no traía monedero; caminó hacia la cochera para identificar el origen de esos ruidos provenientes de la cochera y como no vio nada volvió a meterse a dormir. El Burro Wild recuerda que por poco pega un grito al ver desde debajo de la camioneta a esa tremenda tarántula que se le lograba ver por debajo de la playera a la señora que caminaba en la cochera ese día. Una vez que la señora se metió a su cuarto, la parejita continúo atizándole al fogón para mantener la llama de la pasión, sólo que ahora bajo los fierros de chasis de la camioneta. La chava le dijo: "Vas, como si metieras la primera en subida por terreno chicloso". El Burro Wild le contestó: "No, si los huevos no son al gusto. Sácate las tuercas que quiero llenarlas de aceite para dejarte como mascota de mecánico". Fue ahí donde el Burro Wild impuso su ley. Le contestó a su manera que no era lo que ella pidiera, al final sí le tocó el *ojo de abuela*, pero no cuando ella decía.

"Créeme que cuando te impones, más se *enculan* las viejas contigo", comentó el Burro Wild. Esa chava a diario le avisaba que estaba todo libre para que fuera su hombre a *darle* para que ella pudiera dormir rico. Duró *enculada* mientras encontró otro macho más *chingón* que el Burro Wild. "Ni modo, así es esta vida. Siempre habrá uno más *chingón* que otro. Por este motivo, siempre debes disfrutar lo que el señor hizo para los hombres, mientras dure y no te sientas mal. Si una se va, llegarán más y para ello hay que hacer trabajo de campo. Ponte como meta salir a la calle y conseguir mínimo tres números telefónicos al día, si lo multiplicas por trescientos sesenta y cinco días, serán mil noventa y cinco oportunidades que tendrás de conectar", comentó el Burro Wild. Cuando una mujer quiera mangonearte, siempre recuerda esta frase y aplícala: "No dejes que te ganen una, que después de eso serás su *pendejo*".

Uno de los conejillos de indias me contó que su empresa mandó la invitación a sus empleados para asistir a la fiesta de fin de año y que podían ir con un acompañante. Él decidió que lo acompañaría su esposa, le comentó que tal día irían al evento y le avisó con tiempo para que en cuanto él llegara del trabajo, ella ya estuviera lista. ¿Cuál fue la historia? Que llegó a su casa y su señora no estaba lista, le pidió que por favor se arreglara porque ya iban tarde y ella contestó que no la presionara, que además ya no quería ir y que él tampoco iría. Así, muy imponente la mujer. El hombre recordó la célebre frase en su mente y pensó: "*¡Ni madres*, esta vieja no me la gana!" Le contestó: "¿Perdón, no voy? No irás tú, porque yo sí voy". Él se arregló, veía que ella no lo hacía, continuó arreglándose más chulo de lo normal, se puso a la línea, se aplicó ese perfume que solamente usaba en ocasiones especiales y le volvió a dar la indicación a su señora para que se arreglara o se quedaba. Finalmente, al ver que el hombre hablaba en serio y que, si ella no iba, otra lagartona podría seducirlo en dicha fiesta, muy furiosa empezó a arreglarse y toda trompuda se fue con él. Como ves, terminó cediendo. Si dejas que te dominen, serás un caso perdido. Recuerda, **los huevos no son al gusto.**

Gestos que dicen "le gustas"

Proxémica significa el espacio entre las personas. Es lo que ocurre de manera natural e instintiva cuando nos llama la atención, nos gusta, nos atrae o se nos antoja algo, así como un corte de carne magra *premium*, o sea, un buen prospecto. Nosotros, como hombres, tendemos a querer aproximarnos a nuestro objeto de deseo, es algo generalmente inconsciente, pero lo hacemos. Analicemos un poco, es perfectamente observable cuando otra persona se aproxima físicamente, si entra a tu círculo de espacio íntimo, si acorta el espacio de seguridad, eso es un indicio de atracción. No es necesariamente de atracción sexual, pero sí puedes inferir que a esa persona le agradas de algún modo. Podemos hablar, desde la proxémica, de que en torno a ti hay tres círculos que delimitan los diferentes espacios a los que los demás tienen o no acceso.

El aro más grande está entre el metro y los dos metros y medio de ti, que eres el centro y ese aro delimita el espacio social. La mayoría de las interacciones de tu día a día probablemente ocurran cerca de ese. Las conversaciones con personas con quienes no tienes una especial implicación emocional tendrán que mantener esa distancia física de al menos un metro.

El segundo aro abarca desde un metro de distancia hasta el medio metro y ese aro delimita el espacio personal. Solamente aquellas personas con quienes tienes una relación de confianza, con quienes estás compartiendo un momento más cercano y personal se acercan hasta medio metro de tu cuerpo. Esto ocurrirá, generalmente, con amistades, familia o incluso gente que nos cae bien y a quienes les caemos bien, aunque no haya realmente mucha relación.

El tercer aro va desde los 30 cm hasta nuestro propio cuerpo. Este aro abarca el espacio íntimo, quienes se meten en tu espacio íntimo es porque tienen una relación íntima, no necesariamente sexual, pero sí muy próxima; por ejemplo: suele sentirse natural que tu pareja acceda a tu espacio íntimo, pero también un hijo, una madre, una amistad especial. Entonces, si una persona con quien no tienes esa relación íntima se acerca mucho a tu círculo de espacio íntimo o incluso accede a él, esto es un indicio de que lo que esa persona siente por ti es positivo, su cuerpo se siente cómodo accediendo a un espacio tuyo en el que la mayoría de las personas se sentirían incómodas.

Otro ejemplo de proxémica es como cuando la mujer se siente nerviosa, a menudo se pone a jugar con objetos frente a nosotros; puede notarse en la manera en la que sostiene un vaso, su bolso o algún objeto frente a nuestro tronco; aprieta un libro contra su pecho cuando tiene una conversación donde experimenta cierta tensión. Estos pequeños gestos cumplen la función de escudo simbólico, porque no sienten que sea seguro bajar la guardia, de modo que se protegen a sí mismas. Es muy común ver este gesto en la escuela, en las mujeres adultas se ve con los bolsos, el celular o incluso con los brazos cruzados. A ti te interesa que tu víctima baje la guardia porque quieres proponer algo o porque quieres entablar una relación, pero en ese estado emocional resultará difícil. Sin embargo, puedes utilizar tu dominio en la proxémica, por ejemplo: el espejeo de gestos para conseguir que esa persona modifique su lenguaje corporal y su estado emocional. Tú puedes influir para que esa persona adopte una postura más abierta y relajada.

En citas románticas, es habitual que nos sentemos en una mesa, uno frente al otro, incluso cuando la mesa es redonda la tendencia es sentarnos uno frente al otro. Lo interesante de esto es que se realizó un estudio para comprobar si la posición del asiento realmente afectaba el modo en que las personas interactúan entre sí. En dicho estudio se pretendía averiguar si la posición de nuestros cuerpos afectaba a nuestro comportamiento mental y a nuestra actitud. Y lo que este estudio encontró fue que cuando las personas se sientan al otro lado, dejando la mesa en medio, tienen menos recuerdos de lo que se conversó, suelen rechazar más propuestas y hablan con oraciones más cortas que cuando se posicionan más próximas.

A ver, mi macho alfa, piensa en esto un segundo, cuando te sientas frente a alguien (en una mesa) de algún modo estás preprogramando tu cerebro y te estás condicionando para percibir a la otra persona como un contrincante. Si no me crees, sólo basta recordar algunas entrevistas con mandatarios, por ejemplo, el presidente Putin, al menos en las que salen en la televisión se muestra una enorme mesa blanca. Ahora bien, en una cita con una mujer este es un aspecto fácil de arreglar. La mejor situación es crear un ángulo de entre unos 45 y 90 grados entre la persona y tú, esto aplica tanto para sentarse a la mesa como para conversar de pie. No es necesario que midas los grados exactos, tampoco te la *mames*. Simplemente asegúrate de que la situación no sea directamente enfrentada. Desplázate sutilmente, un poquito, de modo que las cabezas se tengan que girar ligeramente para mirarse a los ojos. La razón de esto tiene una raíz evolutiva de forma instintiva, cuando alguien viene de frente nuestro ritmo cardiaco se incrementa y mantenemos alta la guardia para valorar si se trata de una amenaza. De modo que si quieres hacer que tu víctima sienta que estás en el mismo equipo, ya sabes qué hacer, mi rey.

Otro indicio de atracción es la háptica, se trata de la ciencia del tacto. A nuestro cuerpo le ocurre una cosa muy interesante, cuando percibe el contacto de piel con piel, libera oxitocina. La oxitocina es la química del contacto y básicamente hace que te sientas bien, por eso se recomienda tanto en los partos que en cuanto un bebé nace, se ponga en contacto directo con la piel de su madre o padre. Al hacerlo el cuerpo libera oxitocina y el bebé se relaja, se siente bien al instante, es casi mágico. Por ello, cuando sentimos atracción de algún tipo hacia otra persona, tendemos a tocarla para generar la producción de oxitocina en su cuerpo y que esto le resulte agradable (son comportamientos inconscientes). Nota si alguien te choca la mano, no tiene mayor relevancia, pero si te toca el brazo o pone la mano en tu hombro o incluso te abraza, tu cuerpo genera oxitocina. Debes poner atención con qué frecuencia una persona cruza el umbral del tacto, fíjate si ese es su comportamiento habitual con todas las personas en general, para que distingas su estilo de interacción.

El contacto visual es otro indicio de atracción que debes tener siempre presente, pues entre más contacto visual mutuo y al mismo tiempo mantengas con esa persona, mayor será la liberación de oxitocina y si esa liberación de oxitocina se mantiene durante un rato, puede llegar a ser tan intensa que se vuelve incómoda, salvo que no le resulte incómoda a tu víctima y ahí estaría el indicio de atracción. Si alguien te mira a los ojos, no indica nada necesariamente, pero si ese contacto visual llega a prolongarse por tiempos que resulten incómodos, se puede inferir que hay una razón por la que a esa persona no le incómoda seguir produciendo oxitocina contigo.

La regla de los tres segundos

Autores como **Alex Martin**, **Robert Green**, Juan Merodio Yáñez, entre otros, han abordado este tema, incluso hablan de que te puedes convertir en quien quieras ser en treinta días. Te explicaré en qué consiste esto enfocado a cómo acercarte a las mujeres.

Te has preguntado por qué cuando miras a una mujer en lugares como fiestas, antros, escuelas, reuniones, trasporte, trabajo, iglesia o el lugar que se te ocurra, después de que la observas por un lapso, cuando te decides a hablarle o te arrepientes, piensas cosas como: "qué tal si no me contesta, qué tal si le hablo y me hace quedar como un tonto, qué tal si viene acompañada", y así te pones a pensar una serie de *mamadas*, yo les llamo chaquetas mentales. Puedo asegurar que te ha pasado una infinidad de ocasiones, pero no te preocupes porque desde que adquiriste este libro tu vida cambiará desde las primeras páginas que llevas leídas; debes poner en práctica lo que vayas aprendiendo y recuerda que esto es como quien empieza a tocar algún instrumento, al principio toca muy mal, conforme va practicando mejora poco a poco, sigue practicando hasta que sin darse cuenta ya es capaz de tocar sus propios acordes. Esto es igual con las mujeres, mientras más practiques este arte de la seducción poco a poco te convertirás en un seductor hecho y derecho. No todos nacen con esta cualidad o don, como yo lo llamo. A mí en particular me tomó años de estudio en este ambiente, así como infinidad de prácticas; no hay más que ensayo y error cuando aprendes este negocio por ti mismo. Sin embargo, para ahorrarte todos esos años he escrito este libro y así no tengas que vivir en carne propia mis infortunios. Te puedo decir que me dediqué a ello desde hace años y sigo estudiando temas de psicología, astrología, manipulación, seducción, lenguaje corporal, metodología, comedia, modales, historia, geografía, metafísica, artes oscuras, cocina, costura, mercadotecnia, perfumería, etcétera. Podría hablarte de tantas ciencias que hasta parecería más culto que una *geisha*. Yo quiero que te ahorres todo eso, quiero hacer de ti todo un macho alfa en este campo. Cuando encuentres a una mujer que te llame la atención, no tengas miedo a hablarle. Inicia la conversación con una frase cualquiera, pero que sea apropiada, sin caer en lo vulgar y antes de que te huela el miedo. Tienes tres segundos para hablarle después de establecer contacto visual con ella, según mi experiencia comprobada por múltiples experimentos realizados personalmente y por decenas de hombres que han hecho posible la serie de estudios que he realizado sobre estos temas, ya que dentro de esos tres segundos del primer contacto tienes el 99% de probabilidad de que la mujer te responda; en cambio, si tardas más tiempo ella te olerá el miedo y le darás tiempo para evaluarte físicamente, después analizará tu comportamiento y justo ahí ella decidirá si hablarte o no. Tú debes hablarle, si resulta que viene acompañada, dale la vuelta a esa persona que la acompaña. Platicaba de este tema con un chavo que conocí en un viaje y me decía que esto era algo así como los veinte segundos de valor, que había visto en un video sobre la historia de un hombre que les contaba a sus hijos cómo conoció a su mamá: cierto día, él pasaba por un lugar cuando de pronto volteó a ver hacia adentro de un negocio y vio a la mujer sentada en una silla, ese día se detuvo para decirse a sí mismo que ella era la mujer más hermosa que había visto en su vida y así les describió cómo entró a ese lugar, se armó de valor y le dijo a la mujer: "Disculpa… (seguido de un gran silencio para continuar con una pregunta) ¿Por qué una mujer tan maravillosa como tú hablaría con alguien como yo?" A lo que ella contestó: "¿Por qué no?"

Yo le decía a este chavo que los tres segundos de los que yo hablo son esos que le tomaron a él una vez que vio a la mujer y decidió hablarle. Esos son los tres segundos de los que hablo, prácticamente son el preámbulo de los veinte segundos de valor. Más adelante comprenderás qué tan poderosa es la pregunta que utilizó el hombre de la historia y por qué ese toque de intriga resulta más efectivo que un simple "hola" de rompehielos.

¿Por qué prefieren a los patanes?

Si tu método de conquistar a las mujeres es regalar arreglos florales, ¡olvídate de eso! Está comprobado que cerca del 90% de las mujeres de entre 18 y 25 años dicen sentirse incómodas al recibir este tipo de regalos en la primera y segunda cita porque creen que el hombre ya busca algo serio, y recuerda que ellas sólo quieren divertirse.

A las mujeres de 25 a 33 años ya no les incómoda tanto, porque ya están acostumbradas a que cualquier hombre *enculado* se las regale. La razón es que en su mayoría no quieren aún algo formal, porque están en búsqueda del príncipe azul, con más razón si la mujer tiene alguna formación académica universitaria en adelante. Las mujeres de este rango de edad se sienten independientes, no necesitan al hombre como proveedor, pues ellas pueden conseguir lo que el hombre le ofrece con sus propios medios.

Las mujeres de 33 a 35 años buscan a esos hombres que despreciaron a sus 25 años, detallistas, con buena solvencia económica, que sean estables y buenos proveedores, con ambiciones de crecer profesionalmente o emprendedores, entre otras cosas.

Las mujeres de 35 a 37 años empiezan a sentirse realizadas en lo profesional. Ellas tienen un buen trabajo, por lo general, muchas de ellas ya son capaces de contarte sobre los viajes que han realizado y de los maravillosos restaurantes a los cuales les quedaron ganas de regresar, son las que al sentarse a la mesa saben qué van a pedir sin preguntarte qué le recomiendas ordenar, porque ya tienen más mundo y en el ámbito de lo sexual son propositivas, como quien dice "ya están bien paseadas". Sólo que tienen un detalle y es que experimentan el sentimiento de desesperación por conseguir un buen hombre, uno interesante, exitoso, con dinero, con experiencia, que sepa lo que quiere, que sea emprendedor, con visión de empresario, que vista bien, que huela bien, que tenga mundo como ellas (en su sueño ideal). Suena todo muy bonito, pero este tipo de mujeres, en su mayoría, establece algún tipo de relación amorosa con el aquel hombre que se les atravesó con alguna de esas cualidades. Algunas empiezan a formar una familia, porque están entre las que se sienten quedadas y las que ya agarran lo que caiga, porque muy en su interior aún traen ese amargo sabor de que en algún pasaje de su vida se enamoraron de un hombre mayor, que sólo jugó con ellas y al encontrarse con alguien que las trata un poco bien, deciden quedarse ahí, sólo que vivirán frustradas por no haber conseguido al hombre que ellas deseaban.

¡Qué te digo de las mujeres de entre 37 a 45 años! Son mujeres que, si aún siguen solteras, prácticamente están con las esperanzas bajas de encontrar a su príncipe azul. Normalmente a este tipo de mujeres les queda ser la amante, les atraen los hombres que empiezan a tener canas, incluso hay mujeres que dicen que les resulta más atractivo un hombre con canas, de cabello corto, bien aseado y con un buen perfume masculino. Las mujeres de este rango de edad tienen a menudo aventurillas con los chavitos menores a 33 años, pues los consideran niños. Las estadísticas arrojan que se convierten en las incondicionales de los hombres de más de 45 años, viven creyendo que ese hombre de más de 45 años dejará a su pareja por ellas. Si se trata de un viudo o separado viven *enculadas*, desean tener a ese hombre a su lado, pero esos *cabrones* sólo las ven como las que les sacan el veneno, porque se vuelven incondicionales. Este tipo de mujeres son las que dan mejores regalos cuando se trata de sorprenderte, son expertas en los detalles.

No te hablo de las de 45 en adelante, porque si eres un hombre de esa edad ya deberías de saber todo este *pedo* y ya deberías de ser todo un viejo lobo de mar, pero si aún así quieres saber, te diré que a esa edad solamente buscan buen sexo sin condiciones y saben a lo que van, incluso ellas ya saben que andar de manita sudada ya no les va, te aconsejo que mejor busques cómo disfrutar de su dinero. Con las de más de 60 años, te recomiendo que de perdida busques que te consideren para su herencia.

¿Todo esto qué tiene que ver con que ellas prefieren a los patanes? Pues mucho. Fue necesario explicar *grosso modo* el perfil de las mujeres, no quiere decir que todas sean así, pero generalmente se sigue una regla que, si no todas, un 90% de las mujeres se sienten atraídas por hombres que las hacen subir y bajar emocionalmente, y siempre terminan haciendo lo que el patán quiere, aunque ellas no estén de acuerdo. Con facilidad el patán les falta al respeto y no pasa nada porque sin importar qué tan mal las traten, ellas siempre regresarán con él. El patán sabe que la mujer se deja llevar por sus emociones y sabe que lo perdonará fácilmente, con el simple hecho de hablarles bonito. El patán primero las acostumbra a recompensas constantes, para después de manera natural aplicar las recompensas variables. Él les deja de hablar por días enteros y cuando se acuerda de que existen les llama o les manda un WhatsApp. La mujer, como las palomas cuando les cambias el botón de su comedero, crea un sentimiento de obsesión que la hace disponible cuando el patán quiera; ese sentimiento la ciega por completo y jamás se dará cuenta de que no le estás dando su lugar. Están locas de amor ya en ese punto, creen que harán cambiar a su hombre, pero este tipo de personas no cambian. Es más, disfrutan traer a su *pendeja* porque saben que una mujer con autoestima baja es una víctima fácil.

El patán es muy inteligente, sabe que con unos cumplidos de vez en cuando ahí mantendrá a su mujer sin importar lo que ella sienta, pues no le importa su corazón. Las mujeres que andan con patanes son siempre quienes los buscan, tienen detalles, hacen todo lo posible para que la relación funcione, dan más de lo que reciben y sólo atraen a los hombres que no se esforzaron por ellas, pero esto seguirá así mientras ellas no aprendan a marcar límites.

Te recomiendo leer *Por qué las mujeres aman a los patanes* de Camilo Chacón González, donde incluso habla de la ecuación del patán:

Peligro + Excitación = Patán

Dicho libro habla más a fondo de lo que yo te he mostrado y lo resume de la siguiente manera: "El patán despierta en ellas todas esas emociones que han estado dormidas en ellas. El patán es el hombre definitivo que toda mujer quiere, el patán es el líder, es fuerte, es "indomable". Mientras que el hombre bueno es aburrido, predecible, siempre lo mismo, rutinario, poco novedoso, buen amigo y lindo. Nota: si alguna mujer te ha dicho en algún momento "qué lindo" ya considérate un buen hombre (debes cambiar inmediatamente tu forma de pensar y actuar). Y si aún quieres afinar más este tema, lee *El patán contra el caballero* de Carmen Legnar.

La seducción,

aplicando la *psicología oscura*

Hay diferentes libros que dedican capítulos enteros a este tema, como en *Manipulación y psicología oscura* de Alejandro Mendoza, *El arte de tratar con las mujeres* de Arthur Schopenhauer, incluso el de *Psicología oscura* de Victor Sykes, entre otros.

Aplicar la seducción con *psicología oscura* es algo exquisito, ya que lo puedes manejar como un impulso sexual muy poderoso que al no cumplirlo te puede causar estrés, preocupación y hasta infelicidad. En el libro de Sykes, me llamó mucho la atención un experimento donde habla del porqué algunas personas famosas de la historia, en cumplimiento de su necesidad sexual, a menudo recibían a las mejores mujeres como recompensa, sólo por su estatus.

Te hablaré un poco de un poderoso seductor de nombre Enrique VIII. A continuación, te pongo un poco de su biografía:

Nació el 28 de junio de 1491 y murió el 28 de enero de 1547. Fue rey de Inglaterra y señor de Irlanda desde el 22 de abril de 1509 hasta su muerte. Fue el segundo monarca de la casa Tudor, se casó seis veces y ejerció el poder más absoluto entre todos los monarcas ingleses. Entre los hechos más notables de su reinado se incluyen la ruptura con la Iglesia católica y el establecimiento del monarca como jefe supremo de la Iglesia de Inglaterra (Iglesia anglicana), la disolución de los monasterios y la unión de Inglaterra con Gales.

También promulgó legislaciones importantes, como las varias actas de separación con la Iglesia de Roma, de su designación como cabeza suprema de la Iglesia de Inglaterra, que unificaron a Inglaterra y Gales como una sola nación, provocó la primera legislación contra la sodomía en Inglaterra, que castigaba la brujería con la pena de muerte ("Enrique VIII de Inglaterra", Wikipedia. La enciclopedia libre).

Como te puedes dar cuenta, Enrique VIII fundó su propia Iglesia y con ello aprovechaba para realizar algunas fechorías. ¡Sí que era un *chingón* en el ambiente de la seducción!

La historia cuenta que era tan fuerte su apetito por las mujeres que decidió crear una nueva religión para poder cambiar de esposa, casarse con cualquier mujer que eligiera y ejercer control total sobre todas las esposas que tenía, al punto de que muchas de ellas fueron decapitadas cuando no satisfacían sus necesidades o no lo ayudaban a cumplir sus objetivos.

La *seducción oscura* se hizo para que la apliques cuando quieras obtener mujeres, siguiendo tus impulsos sexuales. No te digo que hagas tu propia religión, pero tampoco te digo que seas un santo. A menudo, persigue a las mujeres para satisfacer tus propias necesidades, sin importar realmente cómo se sienta la otra persona. No te enfoques en establecer una relación con mujeres aburridas, enfócate en entender los principios de la *psicología oscura*; procura mantener las habilidades adecuadas para llevar a cabo tus objetivos y guardar en secreto tus conocimientos. Mediante la práctica te darás cuenta de que poco a poco serás capaz de leer la mente de las mujeres para llegar a ser lo más parecido a la persona que la víctima quiere que seas, pero tú bien sabes que lo haces para poner a tu disposición a esa víctima y obtener lo que quieres. Cuando la víctima ya no cumpla tus necesidades, te recomiendo seguir con otras, trabaja mucho con los rompehielos para iniciar las conversaciones y recuerda que los poco atractivos y cursis son los que solías ocupar antes, por ejemplo: "Hola", "qué bonita te ves", "qué bonitos ojos", "qué padre canción", "qué hora tienes", "¿te acompaño?", etcétera. La razón por la que no te los recomiendo es porque ellas ya lo han escuchado infinidad de veces, lo cual les resta interés para responderte; cuando empleas estos rompehielos das como primera impresión que eres una persona poco atractiva y boba, a menos que seas muy *rostro*, pero si estás leyendo este libro es porque no eres un seductor nato, así que mi misión es convertirte en todo un macho alfa. Para abrir una conversación y no quedar como *bembo*, lo que debes hacer es utilizar un abridor indirecto que provoque intriga en la víctima (ahora comprendes de qué te hablaba en el capítulo de la regla de los tres segundos) y así podrás entablar la conversación. El rompehielos debe ser una interacción social que no transmita ninguna interacción sexual, debe ser alguna pregunta intrigante.

Una ocasión, en uno de mis viajes por la Perla Tapatía, me encontraba esperando el transporte afuera de una estación de metro en el Parque Rojo; detrás de mí había una chica muy guapa y apliqué (sin saber aún) la regla de los tres segundos para hablarle con un "hola" y sólo me miro de arriba hacia abajo, ni siquiera me respondió, me ignoró *culeramente*. ¡Ah!, pero enseguida hice la siguiente: a la chica que quedaba frente a mí le pregunté: "¿Por qué estos camiones cobran menos que los rojos?" Justo en eso llegaba una unidad del transporte, la chava que se encontraba frente a mí trató de responderme apresuradamente, pero tenía que abordar la unidad. En ese instante la chica guapa que previamente me había ignorado, ahora se interesaba por entablar una conversación y me preguntó: "Tú no eres de aquí, ¿verdad?" Pensé: "Ya te cargó la verde". Iniciamos la conversación, llegó a la parada la unidad de trasporte que por coincidencia abordaríamos los dos y le di el espacio para abordar primero mientras yo pagaba mi pasaje; ella ya se encontraba sentada cerca de la puerta trasera. Caminé dentro de la unidad para buscar un asiento y noté que ella se recorrió hacia la ventanilla para que me sentara a su lado. Ahí continuamos conversando, prácticamente era un interrogatorio de su parte hacia mí, me preguntó en dónde estaba hospedado, cuando me di cuenta de que ya se aproximaban los arcos de la avenida Vallarta y tenía que descender. De manera abrupta le dije que me tenía que ir, que me gustaría seguir conversando con ella en alguna otra ocasión e inmediatamente me pidió mi número. Una vez que se lo compartí, bajé de aquel Mercedes Benz en el que viajábamos.

Durante la noche me escribió y seguimos platicando. En fin, para no alargar esto, anduvimos durante mi estancia en esa ciudad. Ella era quien me buscaba porque (sin saber) yo aplicaba la técnica de las recompensas variables por medio de salidas a lugares bonitos, otros lugares feos, en ocasiones la sorprendía con detalles en su trabajo, otras veces no respondía sus mensajes hasta el día siguiente y no porque no quisiera, sino porque yo trabajaba por las noches.

Ahora que he analizado todo eso, me doy cuenta de que primero no me respondió porque actué como uno del montón. Al hacer una pregunta de intriga, ella respondió y la pregunta fue indirecta porque no era para ella. Sin saberlo, apliqué la regla de los tres segundos al comienzo y por último yo aplicaba las recompensas variables que provocaron una obsesión de ella hacia mí, al punto de que ella ya había formado una familia y me seguía buscando. En una ocasión, su marido me puso en conferencia con ella para reclamarme por qué le hablaba a su mujer, cuando era ella la que me buscaba. En fin, como ya estoy acostumbrado a este tipo de escenitas, supe afrontar la situación y logré calmar al desquiciado hombre beta al finalizar la videollamada en buenos términos. Esta mujer continúa buscándome, por increíble que parezca; la verdad es que ella ya no me interesa. ¿Qué logré provocar en ella? ¿Acaso su marido nunca pudo? Ahí te lo dejo de tarea.

La técnica del maicito

Hay una historia muy conocida acerca de lo que Stalin, el dictador de la Unión Soviética, le hizo a una gallina. Se cuenta que, en alguna reunión, Stalin tomó fuertemente a una gallina hasta desplumarla totalmente, ésta intentó escapar, pero no lo logró. Él pidió a sus asistentes que observaran el comportamiento de aquel animalito, la colocó sobre el piso y se alejó poniendo sobre su mano un poco de alimento. Sucedió que la gallina, a pesar del dolor que el gobernante le había provocado minutos antes, corría detrás de él para alcanzarlo y que le diera de comer algunos granos. Stalin señaló que de esta forma se debía de gobernar a la gente, ya que sin importar el dolor que los gobernantes causen a los pueblos, ellos siempre perseguirán a quien les regale un poco de comida.

Esta historia tiene mucha razón. Ahora te explicaré cómo se puede aplicar para atraer a una mujer. Ella no sabrá qué es lo que tienes que la atrae a ti, pero eso NO SE LO DIGAS, aunque tú sí sepas el porqué, ella estará siendo víctima de una táctica maquiavélica de la cual ya no podrá escapar.

Ahora te contaré la historia de don Iker Mateo (el Mataviejitas). Él era un viejo lobo de mar que solía platicarme sus técnicas secretas cuando yo apenas era un chamaco de secundaria, pero incrédulo a esa edad, no encontraba sentido a sus conocimientos. Con el pasar del tiempo, comprendí cómo se debe analizar el comportamiento humano, además de la serie de lecturas que me tuve que fletar. Así le encontré una explicación a todo eso. En una de esas pláticas con don Iker Mateo, me contó una historia de cuando fue don Vergas, de esas que todos los viejitos se avientan en algún momento. Él trabajaba en una maquiladora de la gran ciudad, por los años 80, y aplicaba una técnica muy efectiva de conquista que consistía primero en elegir a la víctima fémina. Decía que cuando uno quisiera conquistar a una compañera de trabajo, aplicara lo siguiente: "Mira, ya que elegiste a tu víctima y ubicaste su lugar de trabajo o buscaste coincidir en algún punto con ella, ya sea en el comedor, cerca del baño, algún pasillo o algún lugar en común, procura siempre tener en tu bolsillo al menos dos dulcecitos de esos corrientitos sencillos o unos chicles de 4 pastillas, los cuales vas a ir abriendo de manera que se vea muy natural. Una vez que lo abras y obviamente calculaste que esté cerca de ti y que te esté viendo, tú de manera natural le ofrecerás a ella ese dulce que te ibas a comer. Si es el caso de los chicles de cuatro pastillas, tú tomarás una pastilla y te la llevarás a la boca, de las tres que te sobran ofrecerás a esa persona una pastilla como dándole a notar que el resto te las quedas tú, ya que denotarás que es el único paquetito de chicles que traes y son valiosos, lo que significará que no te importó compartirlo con ella. Así, de esta manera vas repitiendo la dosis, no del diario porque se verá muy intencionado el asunto. En otras ocasiones, sólo la saludarás, quizá cruces algunas palabras con ella, pero serás breve en el saludo. En otras ocasiones, irás directo a su lugar de trabajo y le dirás que quieres una galleta o del dulce que está comiendo, pero recuerda que es compartir de lo que tú estás comiendo, tampoco es darle el paquete para ella sola, si es un dulce que no se pueda dividir, pues se lo das diciéndole: 'Mira, te traje esto' o 'toma, para que te endulces el día'. Esta dosis debe ser esporádica, pero siguiendo una secuencia en el transcurso de los días. Notarás que ella de repente te sorprenderá con un dulce o compartiéndote de algo que ella lleve, incluso llevará uno exclusivamente para compartirlo contigo. Cuando esto suceda, la técnica estará dando frutos". Sólo te queda dar la estocada, que consistirá en hacerle un poco más larga la plática para averiguar más de ella. En esa plática te darás cuenta de cuáles son tus áreas de oportunidad con ella. Ya por lo demás, está de sobra decirte qué procede… Si aún esperas que te diga qué es lo que procede, te diré porque ¡capaz que la riegas! Averigua sus días libres del trabajo y qué actividades suele realizar en ellos, de esta manera podrás idear una estrategia sobre cómo llevar a tu oveja a la cueva del lobo o al cinco letras, como quieras decirle. Yo le llamo camino al matadero, incluso es uno de los temas que abordaré en el próximo libro, donde podrás leer algunas de las estrategias que más me han funcionado.

Debo mencionarte que don Iker Mateo aplicaba la técnica con un dulcecito barato, un paquetito de chicles Canel's, pero yo la he aplicado con diferentes dulces, galletas, café, cualquier cosa de comer o beber. Lo importante es aplicar la técnica sin que te veas interesado, mucho menos que los demás te vean como un perro. Por eso, debe de ser esporádico, de manera que la persona note que te quitaste de la boca algo que era para ti para compartirlo con ella, así como que se dé cuenta que pensaste en ella, que por eso le compartiste de lo tuyo. Aunque no lo creas, todo esto lo analizan las mujeres. Cuando aplicas esta técnica lo que ellas ven son tus acciones, no tus intenciones. Si la piensas aplicar con diferentes mujeres, sólo procura que no se den cuenta de que eres igual con todas porque esto te hará perder la magia; ya que restarás valor a tus intenciones y pensarán que eres así con todas y que no tienes nada de especial. Sé muy astuto al aplicarla y recuerda que la finalidad siempre será llevártela a la banca del sacrificio.

Recompensas variables

En este capítulo hablaremos de la técnica del maicito o bombardeo amoroso. Hace mucho tiempo, en 1957 un prestigioso psicólogo de Harvard de nombre Skinner realizó un experimento con palomas para demostrar que el recibir recompensas puede resultar en un comportamiento obsesivo. Esto llamó mi atención porque podemos aplicarlo a las mujeres. Veamos en qué consiste, el primer experimento lo realizó con recompensas constantes y el segundo con recompensas variables.

En el primer experimento instaló un despachador de semillas en la jaula de las palomas, en donde dicho despachador funcionaba cada que las palomas apretaban el botón; ellas recibían una semilla. Durante todo ese tiempo tuvieron un comportamiento natural los animalitos, ya que ellas apretaban el botón y a cambio recibían una semilla las veces que querían y cuando tenían hambre. Te preguntarás y qué es lo novedoso, pues todo se ve normal. Ahora verás lo revelador del siguiente experimento.

En el segundo experimento, Skinner ajustó el despachador en modo impredecible; de tal manera que algunas veces despacha semilla y otras no. Dicho ajuste obsesionó a las palomas que prácticamente se volvieron locas, al punto de que una de ellas lo apretó a un ritmo de más de 7,000 veces por hora por durante 16 horas seguidas, ¡ya te has de imaginar!... El experimento de las palomas demostró que las recompensas variables pueden provocar un comportamiento obsesivo.

Explicado lo anterior, podría jurar que se te vino a la mente el caso del más feo de tu escuela, trabajo, incluso hasta de tu colonia. No te explicabas por qué si era feo, así feo con f de *fundillo*, atraía mucho a las mujeres bonitas. Pues déjame darte la explicación y de esta manera tú solo podrás tener el análisis de cómo el feo se comportaba ante las mujeres, sólo que, en lugar de semillas como a las palomas, eran detalles ya sea en físico o atenciones. Para que te quede claro te daré un ejemplo: las aplicaciones como Facebook, Instagram, Tinder y todas aquellas donde puedan darte *like*, ahí aplican las recompensas variables, cuando te dan *like*. Para unos no significa nada, pero para otros significa que la que te gusta te dio *like* o quizá que a un amigo le gusta lo que publicas; como eres demasiado curioso, no puedes vivir con esa duda, así que mejor abres la aplicación para ver quién te da *like*. No eres el único que siente esa curiosidad o morbo, justamente por eso tienen auge este tipo de aplicaciones. Hay un estudio sobre 150,000 individuos, el cual dice que el usuario promedio desbloquea su celular 110 veces al día, mientras que hay otros usuarios más adictos que lo desbloquean hasta 900 veces al día. Ahora entendemos cómo las aplicaciones juegan el papel del psicólogo para crear la obsesión de las recompensas variables con nosotros mismos; así como el experimento de las palomas, apretamos el botón de manera obsesiva.

Relaciones afectivas

Significa la capacidad de amar y de ser amados, es una característica esencial de cómo nos llevamos con las otras personas; en gran parte el éxito tiene que ver con la serenidad, creer en lo que se hace, conocerse a sí mismo, saber por qué se hace lo que se hace y la autorrealización. Brian Tracy, en uno de sus seminarios de psicología del éxito, habla de cómo es que las personas venimos al mundo sin un manual para ser exitosos. Somos una especie de ordenador sin un manual de instrucciones; comenta que no sabemos qué debemos hacer para conseguir el éxito.

Todo éxito implica un esfuerzo, así como saber qué quieres lograr. Brian Tracy habla de que el éxito lo puede dividir en siete leyes mentales que funcionan ininterrumpidamente. Para entender esas leyes, primero vamos a entender qué es el control. El control se inicia, en primer lugar, con los pensamientos abordados en la primera ley del control, cuando te sientes, antes que nada, amo del destino, ya que esto determina tus acciones y éstas determinan si llegarás al éxito; esto nos lleva a la ley del accidente.

La ley del accidente dice que al no planificar en realidad estás planificando el fallo. La mayoría de la gente no planifica y le echa la culpa a la suerte, de ahí que no tienen metas definidas. Son personas como un barco sin control.

La siguiente ley es la de causa y efecto. Esta ley dice que para cada efecto hay una causa específica, todo lo que sucede en el universo sucede por un motivo, nada es producido por accidente, ya sea que se trate del fracaso, el éxito, la felicidad, etcétera. Nada se produce por accidente. Esta ley también es conocida como la ley de la siembra y la cosecha. Si creemos que todo pasa a causa de algo, entonces podemos identificar las causas y duplicarlas, si deseas cambiar las causas debes cambiar los pensamientos.

Así que si tienes el control total de tus pensamientos y tus pensamientos son positivos, entonces se produce la condición de que los efectos vendrán por sí mismos como una ley de la naturaleza.

La siguiente ley es la de la creencia. Esta ley dice que lo que tú crees con mucho sentimiento, con toda la emoción que puedas poner en una creencia, entonces esto se convierte en tu realidad, tanto si crees en algo positivo o en algo negativo. Es como cuando te dicen que eres muy *chingón* para algo y te lo crees igual como si te dijeran que eres bien *bembo*. Cada uno de nosotros cree estar limitado de algún modo, incluso hay estudios que han demostrado que la mayoría de nuestras limitaciones sólo existen en nuestra mente. Al modificar tus creencias, modificarás tu realidad.

La siguiente ley es la de la expectativa. Esta ley dice que lo que esperes es lo que obtendrás. Nuestra forma de pensar de qué manera sucederán las cosas se convierte en nuestra propia profecía. Si esperas que te sucedan cosas buenas, entonces sucederán; sin embargo, si esperas que sucedan cosas malas, también sucederán. Las personas exitosas han desarrollado la actitud de expectativa positiva. A esto se le llama la actitud del ganador, incluso si las expectativas son totalmente falsas. Una recomendación es tener expectativas muy altas y una recomendación es que al levantarte te digas a ti mismo: "Creo que hoy me va a ir maravillosamente", debes decírtelo con gran sentimiento y verás que sucederá algo maravilloso.

La siguiente ley es la de la atracción. Esta ley se limita a decir que eres como un imán que atrae a gente y circunstancias que están en armonía con tus pensamientos dominantes. Sabemos que el universo vibra, todo vibra y todos flotamos. Esta ley se refiere a que atraemos lo que pensamos. Es como cuando estamos pensando en una mujer, suena el teléfono y al contestar le dices: "Justo estaba pensando en ti". Por eso es importante centrar los pensamientos en lo que uno quiere y en lo que uno desea, alejar los pensamientos de lo que uno no desea.

La última ley es la de las correspondencias. Esta ley dice: tal como sucede en el exterior, sucede en el interior. Lo que significa que nuestro mundo exterior es un espejo de lo que somos internamente, Las relaciones reflejan la calidad de nuestra propia personalidad, lo que sucede en tus relaciones es el ejemplo perfecto porque cuando te sientes bien en tu interior tus relaciones suceden con más suavidad; si uno siente negatividad o tensión en su interior, sus relaciones funcionan mal. Cuanto más trabajes en tu interior, que es la única parte donde puedes tener control, cambiarás tu exterior. El mayor error de las personas es querer cambiar primero su exterior, que es en donde no tenemos control, y dejan que su interior viva en un reverendo *desmadre*. Es como querer que un vehículo utilitario o personal corra más deprisa y se arregla primero la carrocería, sin arreglar el motor. Si cambias tu modo de pensar, cambias tu vida.

La sincronía de las mujeres

Hace mucho tiempo, solía preguntarme por qué sucedía algo particular con mis parejas sexuales y, de igual manera, con decenas de colaboradores de mis experimentos. Me preguntaban por qué sucedía cierto fenómeno con su ganado. Cuando comencé a tocar este tema, noté que no sólo era yo el que ya lo había identificado. No le encontraba explicación, hasta llegué a pensar que ellas se ponían de acuerdo y me preguntaba: ¿cómo?, si no se conocían y mucho menos si no tenían contacto entre sí. Hasta que me di a la tarea de estudiar lo relacionado con el tema y encontré algo muy interesante al leer *Los universos paralelos* de Max Tegmark. Él habla de los mundos paralelos y describe que no son una simple metáfora, se trata de una de las muchas consecuencias que se siguen a partir de las observaciones cosmológicas. El espacio parece tener un tamaño infinito. En tal caso, todo lo que sea posible encontrará alguna parte donde se convierta en real, por improbable que resulte. Lo anterior obedece a ideas físicas bastante consolidadas. Si consideramos teorías menos firmes como que otros universos pueden tener leyes de la física diferentes. La presencia de tales universos explicaría varios aspectos del nuestro y podría resolver cuestiones fundamentales acerca de la naturaleza del tiempo, la inteligibilidad del mundo físico. También recordé las clases de mecánica cuántica con la *Belanova*, sobrenombre de mi maestra de mecánica cuántica de la Superior. Ella nos explicaba en una de sus clases la ecuación de Paul Adrien Dirac o también conocida en el bajo mundo como la ecuación del amor.

Te preguntarás qué tiene que ver una ecuación con la sincronía de tus parejas sexuales. Déjame explicarte en qué consiste esta *madre* de los mundos paralelos para quitarte un poco lo *bembo* y cambiar la forma en la que has venido observando el mundo. Todo tiene una explicación física, solamente que no todos suelen cultivarse para entender este negocio. Debes analizar el porqué de las cosas y no creer todo lo que te dicen, yo te explico mi razonamiento con investigaciones, con argumentos y con fundamentos conforme lo que he estudiado por muchos años y que he confirmado con mis experimentos. Regresando a la ecuación de Dirac, el físico matemático e ingeniero electrónico británico Paul Adrien Maurice Dirac, quien nació en 1902 y murió en 1984, fue el autor intelectual de esta ecuación, la cual ha sido catalogada como la más bella de la física debido a que descifra el fenómeno del entrelazamiento cuántico. De acuerdo con el estudio de Hydrogenic Solution of Dirac`s Equation, la fórmula del amor: $(\partial + m)\,\psi = 0$ define que, si dos sistemas interaccionan entre ellos durante cierto periodo y después se separan, podemos describirlos como dos sistemas distintos, pero de forma sutil se convierten en un sistema único: "Lo que le ocurre a uno sigue afectando al otro, incluso a distancia de kilómetros o años luz". Dicho esto, muchos afirman que es justo lo que sucede con las relaciones humanas, cuando una pareja vive el amor, de esta manera se unen cuando tienen interacciones físicas y psicológicas, de esta manera tenemos la respuesta científica del porqué el hombre que tiene más de tres parejas sexuales nota que las reglas de sus mujeres se sincronizan después de un tiempo de interacción con ellas. Es decir, notará que todo el ganado anda herido en un intervalo, después de varios periodos.

Como leo tu mente, puedo asegurar que estás pensando que eso es una *mamada*. Pues no me bastó con llegar a esa conclusión del mundo cuántico, así que seguí investigando al respecto y descubrí que este fenómeno lo habían publicado en la revista *Nature*, en 1971, donde trataban el tema de la sincronización de las menstruaciones en mujeres. Además, investigué que una doctora en botánica, Bárbara McClintock, Premio Nobel de medicina y fisiología, en 1983 realizó estudios en los cambios que acontecen en los cromosomas del maíz y cómo los relacionaba con experimentos que realizó respecto a la sincronía de las menstruaciones que tenían las mujeres que convivían dentro de un universo o mundo de la probabilidad. Digo esto para demostrar que estoy poniendo en práctica lo aprendido en el Politécnico.

Estos estudios se abordan en una publicación del periódico *Heraldo de México* con fecha del 20 de enero de 2019 por el químico y divulgador científico Fernando Gomollon-Bel. En dicha publicación desmiente los estudios de la doctora Bárbara McClintock.

Cuando era estudiante, la psicóloga Martha McClintock observó cómo las chicas de la residencia parecían tener la regla a la vez. Decidió comprobar si su hipótesis era válida y preguntó a las 135 chicas sobre las fechas de sus últimos periodos. Descubrió dos cosas: que había más coincidencias entre compañeras de habitación y amigas que entre completas desconocidas, y que la sincronización parecía ser más "intensa" en primavera. Atribuyó estos hechos a que, al pasar tiempo juntas, las mujeres cercanas intercambiaban feromonas que acababan influyendo en la fecha de la menstruación. En la comunidad científica, este fenómeno pasó a conocerse como el efecto McClintock.

Menciona dicha publicación que la sincronía de las menstruaciones es pura coincidencia. Quizá tienen algo de razón los razonamientos que realizan ahí; sin embargo, yo difiero. Basándonos en la interacción de feromonas de la que habla la doctora Bárbara, confirmo más mis investigaciones de que sí se sincronizan las mujeres que tienen interacción entre ellas de manera indirecta y el agente indirecto.

El causante es el hombre que se las anda dando; al tener interacción con cada una de ellas, las mujeres comparten feromonas por medio de sus secreciones, porque estos fluidos permanecen aún después de bañarse el hombre, y al ir éste con otra mujer las comparte mediante el intercambio sexual. Ahora bien, según la física cuántica, cuando dos o más cuerpos interactúan sufren los mismos cambios, aunque estos se encuentren en distintos universos. Esto queda confirmado. Lo que no supo la doctora Bárbara en sus estudios y que debió considerar, fue preguntar si había un hombre en común que mantuviese interacciones sexuales con el grupo de mujeres que participaron en dicho estudio.

Aquí te dejo el siguiente código QR por si te interesa saber más sobre dicha publicación en el *Heraldo*:

Rapport

Se trata de un término de origen francés que significa "traer de vuelta". Te preguntarás, ¿esta *madre* para qué me sirve? pues déjame decirte, *pequeño animalito del bosque*, que te servirá de mucho, ya que con *rapport* podemos crear en las mujeres un sentido de empatía hacia nosotros. Esto tiene un trasfondo neuro-cerebral que permite conectarnos entre nosotros como una sociedad, de modo que deberás ser empático con lo que la mujer te esté diciendo durante una plática, para crear un sentimiento en ella de conectividad. ¡Ojo!, no necesitas decirle que sí a todo. Recuerda que a las mujeres les gusta sentirse escuchadas. Aprende a escuchar, que es muy diferente a oír. Cuando tengas oportunidad, después de que vuelvas a mantener una plática con ella, te sugiero recordar algún momento agradable de la misma, eso a las mujeres les llama la atención, denota que en sus pláticas no las tiras de locas y que eres atento a los detalles que ni ellas mismas recordaban. Jamás en la primera plática les preguntes si tienen novio o si están saliendo con alguien, mucho menos su edad. Eso déjalo para los betas que se sienten inseguros de no poder lograr su cometido. Te digo esto porque está comprobado que cuando haces ese tipo de preguntas, automáticamente la mujer que tenía en su mente que fueras una aventura de la que nadie se enteraría, acabas de matar aquella posibilidad, ya que al confirmarte que sí tiene novio o de que está saliendo con alguien, la hará ver como una cualquiera si acepta salir con los fines que tú ya sabes para qué. Lo más adecuado que debes hacer es mantener una conversación donde de manera astuta tú vayas atando cabos, por ejemplo: pregúntale qué hizo por la tarde el fin de semana pasado, a qué se dedica por las mañanas; de esta forma puedes descifrar si tiene una pareja, pon mucha atención en todos los detalles que te dice. Una mujer dice todo en sus pláticas, incluso hasta con quién te está engañando. Aprende a escuchar a las mujeres, te asombrarás de todo lo que puedes descubrir de ellas. Normalmente cuando platicas con una mujer, el hombre o amigo que mencionan repetidamente (yo lo he confirmado y muchos más lo avalan) se trata de aquel en el que ellas están interesadas.

Recuerdo que una novia, cuando salíamos, siempre me hablaba de su amigo del trabajo, que la acompañaba a la hora de la comida, que le había ayudado con sus labores; en fin, se apasionaba hablando maravillas del amigo y cuando le preguntaba qué rollo con el tipo, ella contestaba: "Ay… nada qué ver, es un amigo y es gay, hasta tiene su pareja. Obviamente esto no era así, resultó ser una postura o relevo, como dirían los choferes de autobús, y así sucede con una infinidad de casos compartidos por decenas de hombres.

Cuando utilizas el *rapport*, las mujeres se sienten más confortadas porque experimentan una zona de confianza en la que pueden interactuar contigo y bajan la guardia; en realidad es lo que a ti te interesa encontrar, ese punto endeble de la mujer donde puedas entrar. Te recomiendo que esta técnica la pongas en práctica particularmente con las mujeres alfa, es decir, aquellas que no sorprendes tan fácilmente con cualquier cosa. Si quieres adentrarte más en este tema, puedes leer el libro de *PNL y Coaching*, de Vicens Olivé, donde habla de tres elementos básicos en el *rapport*.

Como quiero que te enfoques en lo que serán tus herramientas de trabajo, a continuación, te hablaré de ellas.

1. Recapitulación. Se trata de hacer pequeños resúmenes de lo que te platica la mujer, para asegurarnos de que entendemos lo que ella te cuenta, obviamente son resúmenes mentales, no quieras hacerlos en papel, ¡tampoco la *cagues*! Con la recapitulación hacemos también que ella se sienta escuchada y comprendida; recuerda que estarás aplicando la dialéctica, que, como recordarás, es el arte de escuchar.

2. Calibración y agudeza sensorial. Se trata de observar a las personas de manera atenta. En especial sus expresiones no verbales: los gestos de su cara, las posiciones de las manos, el tono de la piel, si se pone roja (como vulgarmente se dice), la posición de los ojos, entre otros gestos de los cuales te hablaré más adelante. A través de la observación entenderás a las mujeres y podrás darte cuenta de qué sucede en ella, independientemente de lo que está diciendo con sus palabras.

3. Posiciones perceptivas. Ellas nos indican el entorno de la mujer para poder ampliar nuestro

campo de visión y así comprender qué es lo que nos oculta o por dónde podemos atacar. Este elemento se divide en cuatro posiciones:

a) La escucha. Esto consiste en escucharte a ti mismo mientras la mujer habla, sin dejar de ponerle atención, para que no salgas con: "¿Qué? ¿En qué me quedé? Me perdí". Siempre es recomendable que te des cuenta de lo que estás haciendo mientras ella te está hablando, pues muchas veces piensas puras *mamadas*, como juzgando, interpretando o aceptando cosas que ni al caso. Debes darte cuenta de cómo te sientes al hablar con esa mujer, para que a partir de eso decidas qué hacer y cómo atacarás.

b) Ponernos en la piel de esa mujer, para visualizar cómo es su vida por dentro (en sentido figurado). Hay mujeres que no tuvieron una imagen paterna e inconscientemente buscan en una pareja a un hombre maduro y mayor que ellas, uno que las domine, que las trate como si fuera su hija, que las cuide y las provea. Hay otras cuyos padres fueron borrachos y golpeadores. También hay mujeres cuyos padres fueron muy amorosos con ellas. Saber eso te ayudará a entender cómo tienes que comportarte para poder actuar como ese hombre que ellas buscan, para lograr lo que desde un principio has querido: llevártelas a la banca del sacrificio. Se trata de poner toda nuestra atención en la otra persona para que mentalmente te sitúes dentro de ella, para experimentar qué siente, más allá de lo que te está diciendo.

c) Observar cuándo eres protagonista con otra persona, desde un punto de vista externo y de manera que parezca que eres un observador que narra lo que está sucediendo entre tú y las otras personas. En este caso es salir de la conversación y darte cuenta de qué está pasando entre tú y esa mujer. Es algo muy difícil de hacer, si no cualquiera lo haría, mi rey. En esta parte, mi empeño es ponerte bien al tiro, como todo un macho alfa. Esta posición te ayudará a visualizar el camino que más te convenga con esa mujer, esto te ayudará a darte cuenta si la estás *cagando* o simplemente estás perdiendo tu tiempo.

d) Mirar el sistema de la mujer. Es decir, si te habla de su trabajo, podrás entrar en su campo llevando la plática sobre ello; si te habla de viajes, encamina la plática en ello. Pregúntale sobre ella, qué lugares ha conocido, los que le gustaría conocer; recuerda que a la mujer le gusta que la escuchen. Cuando tu empiezas únicamente a hablar de ti, la aburres y conviertes ese hermoso momento de estar juntos, en una plática que no durará mucho y posteriormente no habrá más charlas porque te habrá catalogado como un hombre poco interesante. Déjalas que hablen, muéstrate apasionado con su plática y por ningún motivo mires el reloj o el celular. Aunque no lo creas, ellas se dan cuenta de esos gestos y poco apoco perderán el interés en ti, si haces esas cosas. Y tú no quieres eso, ¿verdad? Tu finalidad es conectar con esa mujer. Conforme vayas practicando, te darás cuenta de que no necesitas largas pláticas. Lograrás tener la habilidad de conectar con tan sólo unos minutos, es más, ni llegarás a tener pláticas. Esto es como quien empieza a tocar un instrumento. Recuerda, necesitas practicar para ser capaz de componer tus propios acordes y romper ese umbral de conecte. Necesitas de escasas dos preguntas y menos de 30 segundos para conectar con una mujer, aunque apenas comiences a conocerla. No necesitas ser de la vida galante, para ir a un lugar más íntimo de cinco letras.

Cambio de luces

(lenguaje no verbal)

Este tema es más complejo de lo que te lo imaginas, pues hay libros enteros que hablan sobre el lenguaje corporal o lenguaje no verbal y de programación neurolingüística. Yo sólo te hablaré del lenguaje que considero te puede servir para que lo pongas en práctica con las mujeres. Esto ya fue estudiado, no lo estoy inventando. Te recomiendo que te inscribas a los cursos de una chica muy buena en estos temas, Sandra Burgos, ella es experta en lenguaje no verbal. Mi función aquí es ser el facilitador para darte ya todo digerido y que lo pongas en práctica. De igual manera, debes identificar durante el proceso en el que conectas con una mujer, cuál es su sentido predominante en ella. Recuerda que ellas pueden ser auditivas, porque utilizan el oído para percibir el mundo y recordarlo. Hay personas cinestésicas porque sienten la vida a través del tacto y el movimiento. Todas las personas percibimos la vida con los sentidos, pero no a todos les damos la misma importancia.

Por ejemplo, una persona visual en lugar de decir: "Te comprendo", dirá: "Ya veo lo que quieres decir"; en lugar de decir: "Quiero que revises eso", dirá: "Quiero que le eches un vistazo a esto". Ponen énfasis en la vista, dicen cosas como: "Tengo una imagen clara del trabajo", "No veo claro" o "No le veo el objetivo a eso". Una persona auditiva en lugar de preguntar: "¿Reconoces a esta persona?", preguntará: "¿Te suena esta persona?; en lugar de decir: "Me alegro mucho con la noticia", dirá: "Eso es música para mis oídos". El sentido del oído es el esquema principal para captar información en estas personas, son personas con tendencias a recordar datos, cifras y fechas. Puedes escucharlas decir cosas cómo: "Eso es correcto, palabra por palabra" o "Esta situación me *caga*" o "Tu propuesta suena bien" y las personas cinestésicas son más viscerales. Experimentan la vida a través del tacto, las sensaciones corporales, el movimiento… Sabrás que una persona es cinestésica porque dice cosas como: "Eso que me dices, me llegó al corazón" o "Estoy cargando con mucha responsabilidad" o "No te entiendo *ni madre*" o "Esto me choca". La importancia de que identifiques con qué tipo de persona estás hablando es porque puedes conectar con la otra persona de manera natural. A las personas nos gustan quienes se parecen a nosotros o quienes percibimos como semejantes, aunque no tengamos claro el porqué.

De este modo, si tú identificas el sistema principal de representación de la persona que tienes delante, puedes hablarle enfatizando su sentido predominante. A continuación, te explicaré una serie de gestos que te ayudarán a leer el comportamiento no verbal.

Inclinar ligeramente la cabeza mientras te escucha. Esto significa que esa persona te está prestando 100% atención y de forma receptiva. Es decir, es más probable que le esté gustando lo que oye, si reproduce este gesto. Se trata de un gesto que ayuda a generar *rapport*. Ayuda a conectar con la otra persona. Si alguien con quien quieres estrechar la relación te está contando algo, ese es un buen gesto con quien quieres estrechar la relación cuando te está contando algo. Pero si tu cabeza está ligeramente inclinada y soportada sobre tu puño, significa aburrimiento.

Abrir sus fosas nasales. A veces es fácil darse cuenta de este gesto, sobre todo cuando la persona con la que hablas está cerca. Puedes ver cómo los agujeros de su nariz se dilatan y no tienes muy claro por qué. Este gesto muestra enfado o ira, se trata de un gesto difícil de fingir; por tanto, cuando lo vemos, suele tratarse de algo inconsciente para quien lo hace. Gracias a este gesto, nuestro cerebro obtiene una mayor cantidad de oxígeno, ya sea para calmarnos o atacar con mayor fuerza. Con este gesto podrás tener una pista de que algo de lo que has dicho no le ha gustado nada a tu interlocutor o quizá mientras está hablando contigo ha visto pasar a alguien o algo que le incomoda o no le gusta. Pero si esa apertura de fosas nasales es muy exagerada, es probable que la persona esté conteniendo un bostezo. De cualquier manera, esto indica que no eres bueno con tus cualidades conversacionales.

Apuntar con el mentón hacia adelante. Puede que veas esto en medio de una conversación o incluso a la distancia en una persona que por alguna razón te está mirando, pero desde arriba. Este gesto tiene una interpretación de que esa persona se cree superior a ti o cree que tiene el poder en ese momento. Podemos verlo en determinados tipos de jefes o en una persona que suele tenerse como superior a los demás. En general, puedes observar esto en una mujer empleada o en cualquier persona harta de atender a gente pesada y suele tener una actitud predeterminada del tipo "Lo que sea, lo que quieras, lo haremos a mi ritmo". Evita estos gestos como *rapport*, pues, aunque no todas las mujeres saben interpretarlo, nuestro subconsciente sí capta el mensaje; el resultado de este tipo de conductas no gusta ni cuando no se ha dicho ninguna palabra, y es que a nadie le gusta sentirse menospreciado por otra persona.

Se muerde la lengua visiblemente. Si le haces una pregunta a alguien y de repente ves aparecer su lengua entre sus dientes, presta atención. Esto significa que puede estar ocultando algo, ya que lo hacen las personas cuando las cachan en algo que desearían que no los hubieras descubierto. Es muy común verlo en los niños cuando les preguntas: "¿Quién destrozó la lámpara?" Ellos responden mordiéndose la lengua. En la adultez este gesto ya no es tan evidente, porque está relacionado con la inocencia. En los adultos es más común una expresión como: "ups".

Muerde lo que tiene a la mano. Es tan común, que hasta tú lo has hecho, ya sea un objeto o una parte de tu cuerpo. Esto sucede cuando las personas están nerviosas y es que, de manera inconsciente, buscamos autocalmarnos y de ahí salen varios gestos del lenguaje corporal para detectar cuando una persona está nerviosa. El gesto más común es morder la parte de la cara interna de la boca, hay quienes se muerden las manos, las uñas o un lápiz, todo lo que implique morder nos calma, ya que desde que nacimos hemos aprendido a calmarnos así y nos ha funcionado. Es como cuando un bebé llora, su mamá le da la *chichi*, la mamila o el chupón. Morder es un gesto instintivo.

Infla los cachetes y resopla. Este gesto significa que la persona necesita liberar tensión, sucede cuando inconscientemente se quiere liberar adrenalina. Normalmente lo realizan las personas cuando se van a enfrentar a una tarea tediosa y al hacer este gesto nos relajamos. Cuando una mujer hace este gesto significa que se acaba de liberar de algo complicado, por ejemplo: cuando te cuenta (sin haberle preguntado) por qué dejó a su última pareja.

Mueve la cabeza diciendo sí o no de modo contrario a lo que dice. Este gesto no es muy notorio y tiene que ver con la mentira. Nuestro cerebro es demasiado lento para mentir, ya que mentir implica mucho trabajo; es como si tuviéramos un super controlador, pero con poca memoria RAM. ¿Qué ocurre cuando mentimos? Cuando mentimos le estamos pidiendo al cerebro que articule una serie de mecanismos verbales y corporales perfectamente expuestos para que la mentira sea creída. Mentir es complejo, por eso a menudo nuestro cerebro consigue hacer bien parte de la mentira, pero se *apendeja* con algún detalle, por eso es muy fácil que el cerebro falle al articular los movimientos y gestos con lo que se esté diciendo. Cuando una persona te dice "sí", pero con su cabeza dice "no" y te dice "no" y su cabeza dice "sí", suele tratarse de este error de *matrix*; no está carburando bien esa persona y te está mintiendo. El cuerpo es muy sincero y no podemos evitar este gesto; por ejemplo: cuando le preguntas a una mujer qué opina de la nueva chica de la oficina y ella responde "es genial" pero su cabeza dice "no". ¿Quién crees que miente, ella o su cuerpo?

Se toca la nariz. Este gesto es extremadamente habitual, incluso podría decirte que el cuento de *Pinocho* está basado en el significado de este gesto. Y es que algo ocurre en la nariz de la persona que miente, pero sólo ocurre en aquellas mentiras en las que la persona manifiesta miedo, riesgo o sensación de peligro; por ejemplo, cuando mentimos para librarnos de pagar las consecuencias de lo que sea que hayamos hecho y tenemos miedo de que nos descubran, ésta es la clase de mentira a la que se le da cierta importancia. Otro ejemplo es cuando una mujer te cuenta lo que hizo el fin de semana y comenta que únicamente salió con unas amigas, entre más le preguntas qué otras cosas hizo y esporádicamente se toca la nariz, seguro te miente; incluso si se llegara a sacar un moco (por bizarra que fuera esta acción), te está mintiendo. La explicación de todos estos gestos es que el cerebro en el momento de mentir empieza a trabajar y demanda oxigenación, incluso puede ponerse roja la nariz (dependiendo el tipo de piel) y se puede experimentar una sensación de picazón tipo cosquilleo. ¡Ojo! No debes confundir este gesto cuando de verdad la gente tiene un resfriado.

Se enrojece su rostro. Esto también se asocia con mentir. Algunas personas lo asocian con los celos; por ejemplo, cuando una mujer te dice: "Fíjate que vi a fulano de tal con tal chava, oye, ¿qué no es la chica que te gusta?" Y tú respondes que no, pero te pones ligeramente rojo.

Se toca a un lado de la frente. Éste es un gesto no tan intuitivo que a menudo se nos escapa al interactuar con otras personas y se trata de un micro negativo que seguramente has visto miles de veces cuando alguien se avergüenza. El tocarnos a un lado de nuestra frente trata de escondernos cuando sentimos vergüenza o queremos desaparecer para dejar de ser vistos. Con este gesto conseguimos escondernos literalmente y por otro lado conseguimos dejar de ver lo que tenemos delante. Obviamente la situación sigue ahí, pero nuestro subconsciente es muy básico y con este gesto nos sentimos un poquito más a salvo. Cuando la persona se siente verdaderamente avergonzada, este gesto se transforma en un bloqueo total de los ojos.

Apunta ligeramente con la frente hacia adelante. Con este gesto la persona apunta ligeramente hacia el pecho con el mentón y nos mira desde abajo. Tal vez recuerdes un video donde una mujer le reclama a su novio por qué mira a otras mujeres y el novio le contesta negando y diciéndole que la ama; ella inclina la cabeza ligeramente hacia abajo con la mirada hacia arriba, para después darle un trago a una bebida que tenía en su mano. Esto se trata de un gesto de amenaza, de disposición a pelear; aunque esto suele ser figurado, no significa necesariamente que esa persona quiera llegar a la violencia física, pero sus emociones en esos momentos seguramente se derivan de la ira. Este gesto suele ser habitual después de que la persona hizo un comentario concreto, es como la reacción que hace un toro cuando quiere pelear.

Mirada de poder. Es la mirada que suele recorrer de un ojo a otro como si visualizaras un tercer ojo en la frente, es decir, como si dibujaras un triángulo. Las miradas de este tipo indican que la persona nos percibe desde la distancia de una relación puramente profesional.

Mirada social. Esta mirada también está formada por un triángulo, pero invertido. El recorrido va de un ojo a otro ojo y a la boca. En diferentes contextos sociales verás este tipo de mirada constantemente, sobre todo en la medida en que vamos ganando confianza con la otra persona. Las miradas hablan y lo que esta mirada dice es que la otra persona se siente a gusto hablando contigo.

Mirada íntima. De igual manera, esta mirada forma un triángulo, pero más amplio. El recorrido va de un ojo a otro y al pecho a la altura de la clavícula, un poco abajo del cuello. Esta mirada indica que es muy probable que el interés de la persona vaya más allá de la amistad.

Pupilas dilatadas. Ésta es una fantástica señal, las pupilas se dilatan cuando sentimos excitación, entusiasmo, deseo, apetencia, y esto se nota en contextos muy diferentes. Por ejemplo, en una cita; cuando la otra persona se siente atraída por ti; cuando haces una propuesta profesional que le gusta a otra persona; en una entrevista de trabajo; cuando la mujer oye hablar de su sueldo y es mayor a lo que imaginaba; cuando un tigre acecha a su víctima. La dilatación de las pupilas implica una preparación mental para eso que tenemos delante o que se nos plantea.

Entrecierra los ojos. Cuando entrecerramos los ojos llevamos a cabo un comportamiento de barrera, algo similar al bloqueo ocular. Suele producirse cuando no nos gusta lo que vemos e incluso suele vincularse con la ira. Cuando una persona te está juzgando negativamente o te está criticando en su interior es habitual que veas este comportamiento ocular concreto. También es habitual este gesto en personas con miopía, porque al reducir el campo visual se enfoca ligeramente la imagen, por eso es importante no confundirlo. Descartando de que esté *cegatona* la chava, este gesto tiene que ver con una valoración negativa.

Levantar las cejas. Es un gesto facial habitual en donde ojos y cejas entran en juego para transmitir una emoción. Su interpretación indica sorpresa, cuando la persona que lo reproduce es la que está hablando, ve algo u oye algo y eleva las cejas, pues se ha sorprendido. Esta expresión incluye ojos abiertos, cejas levantadas y boca abierta, pero realmente tiene que ser una gran sorpresa para los que ven estos tres elementos. Cuando sólo se trata de un comentario con el que esa persona no contaba o un hecho ligeramente sorprendente, quizá veas que simplemente abre bien los ojos y eleva las cejas, pero manteniendo la boca como la tenía. También es habitual elevar las cejas para transmitir incredulidad, que no deja de ser un derivado de la sorpresa. Es como cuando dices: "¡Ah, *no mames*, a poco!" Cuando la persona que está hablando eleva las cejas, quiere enfatizar y quiere atraer la atención de la otra persona; por ejemplo: una persona te está contando algo y mientras habla levanta las cejas en diferentes momentos, sin que necesariamente te cuente algo sorprendente. Esto lo hace para enfatizar inconscientemente. Cuando vemos una cara de sorpresa prestamos más atención y esto lo sabe el subconsciente, de modo que lo utiliza.

El bloqueo de la mirada. Este es un fenómeno del lenguaje corporal extremadamente frecuente que consiste en bloquear de algún modo la visión de lo que tenemos adelante; se puede manifestar frotándose un ojo, peinando una ceja, tocando la entre ceja, rascándose la frente; se trata de crear una barrera visual, algo que tape de manera sutil nuestra visión. Por ejemplo, cuando tu mamá te pedía explicaciones y te frustrabas; cuando estás negociando algo o quizá cuando le dices a tu víctima: "¡Qué *pedo*! ¿Me vas a prestar el dinero que te pedí?" o cuando dices "¡Qué onda, mi reina! Coopera para el hotel y no la hagas de emoción". Lo más común donde se ve este bloqueo visual es en las discusiones de pareja y significa: "esto no me gusta".

Mirada de arriba hacia abajo. Es el gesto de quien transmite ira y superioridad; ten cuidado con este tipo de miradas, ya que coloquialmente en el inframundo se le conoce como *barrida* y la suelen hacer las personas que se sienten superiores a ti y que sienten que no te mereces que te hablen. Es muy común este tipo de miradas entre mujeres.

Miradas con gafas. El uso de gafas es algo que rara vez tendrá una intención psicológica en la persona que las lleva puestas, es decir que casi tienen por seguro que esa persona no está buscando utilizarlas. Generalmente quien lleva gafas es porque las necesita, pero esto no quita que llevarlas tenga un impacto en las demás personas cuando nos ven. Esto te va a resultar muy curioso, una investigación reciente en el área de psicología descubrió que las mujeres que llevan gafas y se maquillan son percibidas cómo más inteligentes que aquellas que sólo llevan gafas o aquellas que sólo se maquillan. De modo que, por alguna razón, cuando vemos a una mujer maquillada y con gafas la percibimos como más inteligente. Pero si una mujer sujeta las gafas para inclinar la frente y verte por encima de ellas, esto indica confrontación.

Gestos manuales. Transmiten confianza y entre más transmitimos con nuestras manos, más nos volveremos memorables para la persona a la que le estamos hablando.

Indica cantidades. Cada vez que indiques una cantidad o un número, indícalo con los dedos. Obviamente no lo harás con cantidades grandes ni con decimales ni nada que nos complique. No tendría sentido que yo dijera que tengo 33 años, mostrando 3 y 3, a menos que a quien se lo estás diciendo tenga problemas auditivos.

Pero si estás contando que trabajas en dos proyectos, sí estaría bien indicarlo con los dedos, porque vamos a conseguir que nuestro interlocutor no olvide ese dato y que realmente se enfoque en esta información.

Indica incrementos y magnitudes. Se trata de indicar aumentos o disminuciones, por ejemplo: "Vi que le estás contando a otra persona que han aumentado la venta de autos eléctricos en tu ciudad". Esto muestra la gráfica con las manos para que puedas verlo, además de escucharlo, y puedas hacer lo mismo con las magnitudes, sobre todo cuando quieras hacer énfasis cuando algo es grande o pequeño. Por ejemplo, quieres hacerle una corrección a alguien que sabes que se va a sentir inseguro o dolido de algún modo cuando lo hagas; puedes decir: "Hay sólo un detalle muy pequeñito que creo que podemos cambiar", el hecho de ver con sus ojos lo pequeñito que es el detalle, hará que la persona se relaje. Ahora bien, si decimos lo mismo, pero sin indicarlo con las manos, provocará inseguridad en la persona, focalizará el hecho de que hay que cambiar algo y no se fijará en que realmente es un detalle. Puedes hacer lo mismo cuando quieras obtener un efecto contrario. ¡No es *mamada*! Aplícalo y verás que es un problema enorme, pues mal empleado lograrás asustar a la otra persona. Si prestas atención, podrás darte cuenta de que esto se utiliza mucho en los interrogatorios que realizan desde los políticos, hasta los agentes de tránsito. La manera en que utilices este gesto puede minimizar o maximizar el resultado, dependiendo de tu interés hacia tu víctima.

Indica peso emocional. Cuando quieras comunicar algo con cierta carga emocional, una manera muy efectiva de transmitir ese sentimiento es indicar con las yemas de los dedos hacia la zona del corazón. Con este gesto, le dices a la víctima: "Esto es importante" y automáticamente detonas la empatía en su cerebro, porque no sólo le estás diciendo que es importante para ti, sino que se lo estás transmitiendo directamente a su subconsciente. Si eres una persona que tiende a mover las manos de forma espontánea sin pensarlo, probablemente esto ya lo haces. ¡Excelente!

Indica las divisiones y uniones. Cada vez que hables de dos bandos diferentes, dos posiciones o dos elementos diferentes asígnale una mano a cada uno y atrae la atención sobre la mano que toca cada vez que te enfoques en ese elemento al que quieres dar énfasis. Por ejemplo, si estás hablando de política y quieres mencionar ambas polaridades en relación con este tema, di lo siguiente: "Los partidos de derecha defienden que las personas gestionen su propia economía con total libertad; en cambio, los partidos de izquierda consideran que parte de esa economía debe ser gestionada por el estado para ser distribuida a través de los servicios sociales". Pero a menos que domines la política, usa este ejemplo. Si no es tu caso, no te compliques la vida, puedes usar esta frase confesada por alguna mujer que platicaba con su grupo de amigas, mientras disfrutaban de un desayuno lleno de pláticas muy de mujeres sin pudor: "Considero que las *culonas* sin *chichis* son para los dotados y las *chichonas* sin nalgas son para los que tienen una 45 recortada a 9mm", te preguntarán: ¿Por qué dices eso? Y ahí es donde empieza una plática interesante, porque lograste sacarlas de contexto. Otro ejemplo para indicar unión podría ser: "Me gustaría que ambas polaridades llegaran a un punto común en el que exista cierto equilibrio". Esto ayuda a que la otra persona visualice mejor la aplicación y la comprenda con mucha más claridad. El gesto de unión es un gesto muy poderoso, que generalmente provoca sentimientos positivos a las víctimas cuando les queremos vender sentimientos.

Indica complicidad y acuerdo. Estos gestos los traduciremos con la palabra "Ok". Son gestos sencillos y positivos, los tenemos tan universalizados que su efecto es mucho más directo. Por ejemplo, si tú le dices a una mujer: "Vamos a hacer que esto funcione" (con un gesto de Ok), automáticamente haces que ellas sientan que eso va a funcionar. Esta frase la ocupan mucho los machos alfa cuando engañan a su pareja, durante el proceso de reconciliación aplican esta última frase y terminan regresando con esa persona; porque además les prometen que van a cambiar, pero tú bien sabes que aquel es un patán.

Señala a una persona concreta. Esto es curioso y digno de mención, pues dichos gestos los ocupan los políticos, transmiten agresividad y son percibidos como gestos groseros. Por ello, te aconsejo que cuando quieras apuntar hacia a una persona o darle la palabra a una mujer frente a un grupo de personas utilices el pulgar, así como el gesto de "Ok", con la frase: "puede hablar usted". Yo suelo recomendar más lo siguiente: la palma de la mano abierta hacia arriba y dirigirla hacia la persona, con las frases: "adelante", "tú qué opinas" y con este gesto otorgas un sentimiento de inclusión de la persona en esa plática, transmites confiabilidad y transparencia.

Indica el tú, yo y nosotros. Este gesto transmite mucha cercanía, por ejemplo: "yo tenía la percepción de que lo estábamos haciendo muy bien, pero tu idea me parece fantástica. Podemos desarrollarla juntos y ver qué conseguimos". Si te fijas, se genera una conexión mucho más intensa al incorporar los gestos manuales.

Flirtear

Este tema es muy interesante de abordar por lo poderoso que resulta identificarlo en tus relaciones. Primeramente, hablaré de la importancia que tienes y que debes desarrollar en ti, del arte infalible para cortejar a las mujeres. En cualquier entorno, para poder prender en ellas la chispa del amor día a día, debes de incrementar las probabilidades de hacer *match* con alguna mujer. Las estadísticas indican que si te propones la meta de conseguir al menos tres números telefónicos de mujeres que conozcas por día y trabajas con cada una de ellas el arte de la seducción, al año tendrás mil noventa y cinco probabilidades de amanecer acompañado en la cama. Debes poner en práctica el arte de escuchar, no dejes de escuchar a una mujer cuando platiques con ella, olvídate de todo menos de ella, diría la canción. Cuando platiques con una mujer pon mucha atención en lo que dice y cómo lo dice, convierte esa plática en algo personal para que se sienta suficientemente relajada. Busca que hable de su vida personal, por ejemplo: pregúntale si es originaria de esa población o ciudad, cuánto tiempo tiene que se mudó a vivir ahí, sutilmente investiga con quién comparte piso (si notas que se incomoda, cambia las preguntas: ¿cómo es el lugar dónde vives?, ¿qué lugares recomiendas visitar? En caso de que ya los conozcas, no se lo comentes, al contrario, invítala a que vayan a conocer esos lugares juntos). Este tipo de acciones te resultarán muy familiares, pues cuántas veces te ha sucedido que llevas a una mujer a determinado lugar, ella dice que no lo conoce y, sin embargo, ya sabe dónde están los baños o el control de clima de la habitación; bueno, esto es igualito a lo que ellas hacen, sólo que ahora te pido que tú lo hagas, es como darles una cucharada de su propio chocolate, pero únicamente será para que ellas se sientan cómodas en su ambiente. Otra recomendación es elogiarlas si traen algún tipo de accesorio como gafas, abrigo o joyería. ¡Ojo!, si trae algún anillo que tenga parecido al de matrimonio o compromiso, no le hagas ningún comentario al respecto, porque si aceptó una cita contigo, lo del anillo a ella no le importó y no tienes por qué recordárselo. En estos casos no le des importancia.

Aprende a reírte de ti mismo en justa medida, sin llegar a ser un bufón. Hay una infinidad de machos alfa que han confirmado que si logras hacer reír a una mujer durante la primera plática es señal positiva, pues estás logrando hacer que se sienta cómoda contigo y con ello ya llevas gran parte del camino ganado, asegurando una conectividad entre ambos y manteniéndola relajada; de esta forma la alejas de las primeras impresiones negativas que tenía de ti.

Mira a las mujeres a los ojos, ya que ellas se sienten incómodas con las miradas obscenas, piensa que ya tendrás tiempo para contemplarlas mejor. En la primera cita, por momentos, mantente con piel de oveja. Las mejores técnicas que los hombres alfa utilizan son las de hablar acerca de cosas en común y, si le agregas un poco de humor, obtendrás los resultados deseados. Para tener temas de conversación, te recomiendo que te cultives en lo que tú gustes, pero que te apasiones al hablar de algo determinado. Puedes aprender cosas como de astrología, psicología, geografía, historia, ciencias oscuras, mitologías, artes plásticas o visuales, incluso, apréndete las características de los horóscopos. Te sorprenderá qué tan interesadas se muestran las mujeres cuando tratas de adivinar su horóscopo de acuerdo con su personalidad. No te quedes con la duda, hazlo y lo comprobarás. También estudia un poco de política, para que no te agarren en curva cuando te encuentres con una a la que le gusten estos temas, nunca faltan. También necesito que aprendas a cocinar cosas sencillas, lo importante con ello es provocar en las mujeres una reacción que quiero que experimentes cuando le cocines en la primera cita; pues cuando logres hacer que entre a tu territorio, ella se convertirá en una mujer complaciente esa noche. Te recomiendo comer fruta para quitar ese desagradable sabor a pancita que despide el cuerpo después de cierta edad, te sugiero consumir frutas como fresas y piña, ella te lo agradecerá. Cuando descubras por qué te lo digo, sabrás que valió la pena seguir mis consejos.

A las mujeres las derrite un hombre que tenga porte, seguridad al hablar, con tema de conversación, estilo y un estatus en la sociedad. Como te mencioné anteriormente, que sepa cocinar algo mínimo. Esto último les baja hasta sus más altas defensas.

Al flirtear como te he dicho en capítulos anteriores, utiliza los movimientos de cabeza como truco en tus conversaciones para denotar un "sí", un "claro" o un "por supuesto", con ello inspirarás confianza. No te pongas nervioso en tus citas con las mujeres o para cualquier encuentro, procura tener una mentalidad de que no te importa lo que digan los demás, no lo demuestres. ¿Qué te podría pasar? Algún día te reirás de tus desaciertos, recuerda que ya estás ahí y no hay vuelta atrás, ni un paso ni para agarrar vuelo.

Hay un secreto en este capítulo que debes saber e identificar en tus relaciones, este secreto no lo encontrarás en otros libros porque es fruto de los experimentos y vivencias reales con la que he estudiado este caso y terminé de confirmarlo en un viaje que realicé a la ciudad de las montañas, Monterrey. Durante el *tour* que alquilé con un operador de taxi de aquella ciudad, salió a plática este tema, quizá porque el operador andaba con el reciente dolor de haber terminado con su mujer. Me explicaba que cuando una mujer llega contigo en una actitud más cariñosa fuera de lo normal, después de una reunión con sus amigas, de algún mandado, del trabajo o de cualquier actividad que implique estar fuera de su hogar, es porque del lugar de donde regresa estuvo flirteando con alguien. Es decir, alguien en ese lugar le estuvo hablando bonito, de manera que ella sintió algo agradable por esa persona; no necesariamente de manera explícita, simplemente le "movió el tapete", en otras palabras, en el camino se encontró con un macho alfa que causó cosas que él no lograba causar en ella.

El operador de taxi me autorizó compartir su experiencia cuando le comenté que escribiría un libro sobre secretos de seducción. Él descubrió que cuando salía a trabajar de taxista, en ocasiones su mujer le hablaba para decirle que tenía ganas de hacer el amor, ella le preguntaba a qué hora regresaría a la casa y él le decía que, como a la misa, a la cama no se llama dos veces. De inmediato regresaba a su hogar y ejecutaba lo solicitado por su mujer. Pero comenzó a notar que, en reuniones de amigos y familiares, su esposa invitaba a un gran amigo de ella, presentándolo como su mejor amigo; el tipo se hacía pasar por el agradable de la noche y trataba de caerles bien a todos. Tanta era la frecuencia con la que su mujer invitaba a ese hombre que un día leyó los mensajes que él le escribía a su mujer, porque ya era excesivo el tiempo que pasaba intercambiando mensajes con él, que al taxista se le hizo muy rara esta situación. Entonces, una noche, molesto de que su mujer no le hiciera caso en la cama, él le quitó el celular de las manos y así fue como descubrió lo que se escribían. En los mensajes descubrió que los días que su mujer le llamaba para que fuera a su casa era porque el amigo (quien resultó ser el amante) la dejaba plantada en su propia casa.

El taxista poco a poco, al platicar conmigo, fue entendiendo las cosas y en conjunto analizamos las situaciones. Fue una plática muy productiva, con grandes aportaciones a la ciencia de la seducción. Después de esa experiencia, la vida cambió para el operador del taxi. Fue ahí donde murió un caballero y nació un patán. Recuerda que mientras un hombre presenta a una mujer como su amante, una mujer lo presenta como un buen amigo a quien conoce muy bien. Cuando identifiques estas señales en tus relaciones, ¡mucho ojo!, porque "te están haciendo de chivo los tamales".

¿Qué rifa más?, ¿verbo o dinero?

Ser verbo es importante, contar con esta habilidad es muy valioso, ya que está demostrado que un hombre con una buena plática es más atractivo que uno que tiene dinero, pero no tiene facilidad de palabra. Las mujeres suelen sentirse más cómodas con alguien que las haga reír, a diferencia de los hombres que tienen dinero, pero no tienen tema de conversación; ellas muestran comportamientos fingidos, por lo que tarde o temprano, después de disfrutar de los placeres del dinero, terminarán dejándolos porque los ven como una chequera que puede complacerles sus caprichitos. Estos hombres suelen ser torpes, creen que el dinero puede comprar todo y al final la mujer es la que lleva el control de la relación al decidir si se deja llevar a la cama o no.

A diferencia de un hombre que tiene el don del verbo o ha desarrollado esta habilidad, cosa que busco lograr en ti mediante mis secretos y puestas en práctica, puede tener o no poder adquisitivo, eso es lo de menos. A él sólo le basta llamar la atención de la mujer que él desea y logra sacarle una sonrisa. Muchos de mis discípulos confirman mi frase: "Si te ríes, ya te *chingaste,* m'hija". Como lenguaje corporal, te da a entender que le agrada tu plática. No seas ordinario al solicitarle su número telefónico inmediatamente. Te recomiendo que si mantienes una plática interesante con ella o hiciste un comentario del cual ella se rio, ¡ojo!, ella se rio, no se burló, que es diferente, termina esa interesante charla con un: "Me gustaría seguir platicando contigo en otro momento, pero tengo que irme. Apunta mi número y mándame mensaje al rato". No des explicaciones de adónde irás, mantente ausente unos tres días; después de este tiempo si no te escribe, no te lo tomes a pecho. Sigue tu camino seduciendo a otras mujeres, si notas que una estrategia no te funciona, revoluciona con otras estrategias, por ejemplo: extiende más tus conversaciones, no más de 10 minutos; te digo este tiempo porque estás desarrollando el arte de la conversación, así poco a poco ve incrementando tus conversaciones y retírate unos instantes antes, cuando sientas que se te acaban las ideas. No prolongues en exceso tus pláticas, recuerda que estás seduciendo, no estás buscando a tu comadre. En todo momento manda indirectas que hagan volar su imaginación y que sea ella la que te pida que vayan a un lugar más cómodo. Algo importante que debes saber a estas alturas con lo que te he enseñado sobre lenguaje corporal es identificar cuando una mujer está en su punto y sólo basta que des la estocada. Para un hombre con verbo, el dinero no es impedimento para llevarse a una mujer a la cama, a él le sobran lugares: atrás de la barda de un predio, en los asientos de su vehículo, en la parte de atrás de un camión colectivo, en la sala de un cine, en la bodega de su trabajo, en el interior de un taxi camino a un hotel…

Recuerdo que una ocasión tomé un taxi en la Ciudad de México, a la altura de Vallejo. El taxista me contó que, en un viaje anterior al mío, realizaría un servicio a una joven pareja del CCH Vallejo, para llevarlos al norte de la ciudad. El conductor, después de unos minutos de que lo abordaron, volteó a ver por el retrovisor qué sucedía en la parte trasera de la unidad, ya que se movía mucho mientras esperaba el siga de un semáforo. ¡Cuál fue la sorpresa del conductor al ver cómo la chica iba tocando el "Himno a la alegría" en la flauta de Hamelin! Resulta que el taxista le hablaba al joven y no contestaba, sólo estiraba las piernas mientras hacía para atrás su cabeza, como invocando a un alma satánica o algo parecido. El *encabronado* taxista les dijo que esas eran *chingaderas*, que iba a parar una patrulla para que se los llevara; el joven le pidió que los dejara por ahí o si quería que su novia le hacía un chupa matracas tres mil, pero que los dejara ir. El conductor no accedió a la propuesta de los jóvenes y siguió buscando una patrulla sin éxito. Yo la verdad no le creí que no hubiera aceptado, pero eso ya es su asunto. A lo que voy es que no necesitas dinero para pasarla de maravilla, lo que necesitas es voluntad, decisión y no tener miedo al peligro. ¿Recuerdas la fórmula del patán? Aplícala por favor, ya te estás tardando. Si crees que el dinero es tu limitante, porque no tienes para cubrir tus necesidades básicas según la pirámide de Maslow, te recomiendo empezar a buscar alguna actividad que te remunere económicamente lo suficiente como para comer, comprar cosas de aseo personal y vestir pulcramente (limpio, aseado). De inicio en lo que te apalancas.

Aun así, esto a excepción de la alimentación, lo demás no debe ser una limitante porque "el que es perico donde quiera es verde". El dinero sólo es una herramienta de trabajo que puede darte alguna ventaja como un *plus*, si cuentas con verbo sobre los demás alfas; pero el verbo es el que rifa a la hora de atacar a tu víctima, porque puedes gastar demasiado en arreglos florales, en serenatas, obsequios, en salidas al antro, en infinidad de detalles que se te ocurran, pero si no logras una química con ella, sólo estarás perdiendo tu tiempo y quizá logres algo con esa persona después de ocho años, ya después de que la hayan dejado varias parejas y no quieran saber nada de ella. Si colocas todas tus esperanzas en conquistarlas con regalos, puedes pasar tu juventud desperdiciando tu tiempo y tu dinero; aprende a identificar con qué tipo de mujer estás tratando y parte de ahí para elaborar tu estrategia para concretar tus intenciones con ellas.

Recomendaciones que dan poder

Para darle poder a todo lo que te he enseñado, te hablaré de lo esencial que debes saber como macho alfa.

Primero, disimula tus intenciones para no anticipar a las mujeres, trata de desorientarlas, no digas más de lo que te preguntan, a menos que sepas qué vas a decir, analiza cada una de tus palabras antes de hablar o darás la impresión de ser ordinario, procura dominar el tema que estás hablando. Recuerda que aquellos que hablan poco parecen más atractivos e intimidan a una mujer de manera discreta.

Cuando te encuentres en una reunión o lugar donde se encuentre una mujer que te atraiga, busca llamar su atención con tu apariencia, recuerda que la gente juzga a las personas por su apariencia. Aséate, lávate los dientes, visita al dentista para que te haga limpieza bucal y luzcas una sonrisa hermosa. El 99% de las mujeres mencionan que se fijan en el color de los dientes de un hombre, de ello depende si aceptan que las beses. Usa ropa cómoda, no necesariamente de marca, con que esté limpia es más que suficiente. Acude con un experto que te haga un corte de cabello de acuerdo con tu personalidad y forma de cara. Usa un buen perfume de larga duración, de preferencia que contenga feromonas. Invierte en ti, por favor. Asea tu calzado; en una ocasión oí decir a una mujer algo que su papá le dijo: "Hija, cuando te fijes en un hombre, primero fíjate si trae limpio su calzado, porque eso es señal de que ese hombre es limpio y ordenado en su vida".

Las mujeres nos ven como un producto de tienda de prestigio, ellas se sienten atraídas por el estatus, lo bien que vistes, lo rico que hueles, que no seas tacaño, el poder, que seas alguien con presencia, lo exclusivo les atrae, que tengas tema de conversación, que las hagas reír, que seas serio y maduro cuando la circunstancia lo demande, que decidas adónde llevarlas, que las domines, que las sometas, de vez en cuando sorpréndelas con un detalle (recuerda el capítulo de las recompensas variables). Recorta tus uñas de manos y pies, haz ejercicio. No te digo que te pongas musculoso, sólo mantente delgado y con ello maximizarás el margen de mujeres que sentirán atracción por ti.

Si tienes vehículo, te recomiendo que le des mantenimiento constante para que no te deje varado en alguna de tus citas; mantenlo limpio, aplícale un aroma fresco que no opaque tu perfume con feromonas.

Trabaja en tu forma de hablar, no hables demasiado rápido, modera tu voz, trata de sacar tu voz seductora con un toque de voz gruesa; hay ejercicios en internet que te ayudarán a trabajar una voz más gruesa. Sé misterioso en tu actuar, difiere de la multitud, no dejes que otros tomen crédito por tu trabajo. Aprende a hacer que las mujeres dependan de ti para mantener el control de la situación en la que te encuentres. Entre una mujer dependa más de ti, más libertad emocional tendrás, ya que ella todo el tiempo querrá estar cerca de ti. No les enseñes cómo hacer las cosas que hacen que dependan de ti, por obvias razones. Utiliza la generosidad y la franqueza a tu conveniencia para llevar a cabo tus planes. En ciertas situaciones, deberás ser honesto para bajar sus defensas de manera que confíen en ti y puedas atacar como todo un macho alfa. Cuando sea necesario, muéstrate como su amigo, sin dejar a un lado tus verdaderas intenciones. Esto será con la finalidad de generar confianza, aproveches para actuar como espía y descubras qué le interesa, apasiona o acongoja. Aprende a utilizar la ausencia, cuando una mujer se muestre demasiado interesada en ti, aléjate unos días, no le marques a su teléfono, no le escribas mensajes de texto, tampoco respondas a sus mensajes o llamadas durante esos días; si es muy insistente, contéstale sólo hasta la tercera llamada y déjale claro que no la has contactado porque has estado muy ocupado e invéntate algo creíble, sé breve, no hables de más. Recuerda mantener el misterio, ya que entre más presencia tengas con esa mujer, perderás valor porque te estarás mostrando dependiente de ella.

Aprende a ser impredecible sin aislarte del mundo, para que no lean tus próximos movimientos. Un punto importante que debes saber es que las mujeres suelen contarles de sus relaciones amorosas a sus amigas, les cuentan a detalle cada cosa que hagas y no hagas. Hay infinidad de casos donde la amiga le juega a la seductora para desenmascararte, de manera que su amiga se da cuenta de qué tipo de hombre eres. No caigas en ese juego.

Busca recrearte constantemente. Cada lugar al que acudas será una oportunidad para conocer mujeres. No te comprometas con más de lo que puedas controlar. Estudia a cada una de las mujeres con las que estés saliendo para saber con quién estás tratando, de esta manera podrás planificar tus acciones de manera audaz y no perder de vista a tus víctimas. Mantén la mentalidad de león que no pierde de vista a su presa. Crea fantasías al conversar con cada una de las mujeres, sin ser tan explícito, deja que vuele su imaginación, con ello obtendrás información valiosa sobre lo que son capaces de hacer contigo, busca su debilidad. Pon en práctica el arte de escuchar a las mujeres. Actúa como un macho alfa para que seas tratado como un macho alfa. Las mujeres aman a los hombres que tienen dominio y control de ellas.

Ya es el momento en que debes dejar lo vulgar y prosaico. Intencionalmente lo fui al principio de este libro, con la finalidad de atraer tu atención, para que de este modo lograras notar la evolución de un hombre beta a un macho alfa. Es hora de que modifiques la manera de expresarte y aproveches todas las oportunidades que se te presenten en la vida, porque te he enseñado a leer los movimientos de las mujeres. Por tal razón tendrás mucha ventaja sobre los demás hombres. Ahora ya sabes manipular el cerebro de una mujer, así como trabajar su corazón. No seas demasiado arrogante, la arrogancia debes utilizarla con medida, aprende a moderarla, de manera que vaya bien contigo. No te muestres demasiado perfecto, no supongas, sé cambiante en tu forma de ser y según las circunstancias. Recuerda que no a todas las mujeres se les enamora de la misma manera. Cada una de ellas tiene una cerradura diferente y yo te he dado la llave maestra. No te obsesiones con una mujer y por ningún motivo le reveles los secretos que te he enseñado, NO SE LOS DIGAS.

¿Por qué prefieren a los mayores?

Algunos hombres con los que he tenido la oportunidad de hablar acerca de sus traumas (que más bien
son limitaciones que se producen ellos mismos al
haber crecido con ciertos estereotipos que no los lle-
varon a nada bueno, más que a ser unos hombres
débiles de carácter), la mayoría creía que por tener
más de 50 años ya no serían capaces de entablar alguna relación con una mujer mucho más joven. Al
hablarles sobre las cosas que tienen para ofrecer a
estas mujeres y poder conquistarlas, su vida dio un
giro de 180 grados.

Resulta que las mujeres jóvenes prefieren a los hombres maduros debido a su amabilidad, educación y
valores que han desarrollado a lo largo de su vida; a
esas alturas no se preocupan por impresionar a nadie, simplemente hacen lo que les nace, se dedican a
vivir el momento, se muestran de manera tranquila,
no presentan esa inquietud que en la adolescencia se
presenta por llevarse a la cama a una mujer. Ellos han
vivido más experiencias de las que te imaginas y al

mirar a una mujer atractiva no muestran desconcentración, mantienen la calma.

Esto me hace recordar cuando en la universidad había en la carrera una chica en particular, le parecía muy guapa a Rogelio. Un día, frente a otros compañeros de grados más avanzados, realizó un comentario sobre lo hermosa que le parecía; ellos le respondieron que no era guapa, que había chicas más guapas en otras carreras, "¡te falta vivir!", le dijeron. A los hombres mayores no les asombra conocer a una mujer hermosa, porque saben que el día de mañana conocerán a otra mujer que superará a la anterior. Recuerda: la belleza es efímera. ¿Has escuchado la frase: "los hombres maduros saben lo que quieren"? La explicación es que ellos aceptan la naturaleza de la mujer tal y como es. Es decir, ellos primero escuchan a las mujeres cuando hablan de sí mismas; ellos, si te das cuenta, ya aplican sin saber lo que yo te he explicado: escuchar a una mujer es muy diferente a oírla. El hombre mayor conoce su objetivo al conquistar a una mujer; hacen preguntas para saber el tipo de mujer por la cual están interesados, así que pueden detectar las necesidades que ella tiene para poder ofrecerles eso que necesitan sin pena alguna; son pacientes hasta llegar a la intimidad; no tienen problema en pagarles la despensa a mujeres que lo necesitan; son detallistas, sus detalles van dirigidos en preocuparse más por las necesidades básicas de la mujer como la alimentación o vestimenta; ellos no suelen apenarse al saludar a una mujer y se muestran firmes en sus palabras, esto lo puedes observar en hombres de esta edad y de manera más común de lo que te imaginas. Un día observa cómo saluda a las mujeres el guardia de un establecimiento o empresa que ronde esta edad, notarás la diferencia cuando saluda a un hombre, respecto a la firmeza y seguridad cuando saluda a las mujeres, no baja la mirada.

Los hombres mayores son tan observadores que logran atraer la atención de mujeres mucho más jóvenes, porque atienden las necesidades de esas mujeres, lo cual genera en ellas un impacto positivo, ya que les solucionan la vida. Ellos sorprenden a las mujeres jóvenes porque realmente no esperan que actúen de esa forma, estas acciones las hacen sentirse especiales. Ése es el secreto, las mujeres están tan acostumbradas a hombres de su edad que no saben lo que una mujer necesita. El hombre maduro raciona su tiempo y no está disponible como ellas lo desean. Ellos saben el significado del valor de su tiempo, irán a verlas cuando ellos puedan, primero atienden sus asuntos de mayor interés. ¿Ahora comprendes por qué don Iker Mateo tenía tanto éxito con su técnica del maicito?

Llévala a la cama
en la primera cita

Para llevar a cabo esta acción, ya debiste practicar todos mis consejos mencionados en los capítulos anteriores. Ahora debes salir a lugares de fiesta, como bares de caché, de buen gusto. ¿Por qué te sugiero estos sitios? Porque hay más probabilidades de que ahí conozcas mujeres hermosas y con buen gusto en su vestir. Un dato importante: si ves un grupo de mujeres es porque van de cacería, esto es información proporcionada por diferentes mujeres con las que solía platicar en un bar al que frecuentaba. Elige a la que te guste y sácala de su grupo de amigas invitándola a bailar, trabaja en los mensajes subliminales hasta que obtengas su número telefónico o su correo. Por experiencia te digo: grábatelo de memoria, no trates de sacar tu dispositivo para apuntarlo, ya que sus amigas se darán cuenta de que ya conectaste. No olvides que "el que come callado, come más veces". Cuando termines de bailar con ella, disimuladamente dirígete al sanitario o a donde puedas anotar su número, mándale mensaje de que lo has guardado y pregúntale si tiene algún plan con sus amigas o si desea ir a otro lugar contigo; si acepta… ¡ya la hiciste!, en caso de que no, acuerda verte con ella otro día y en otro lugar.

Cuando llegues con una mujer a un bar en tu primera cita, llevarás el 70% del camino asegurado, un 10% dependerá de la vestimenta y loción lleves. Otro 10% dependerá de tus interacciones, es decir, el contacto físico que tengas con ella, para ello te recomiendo sacarla a bailar. Un 9% depende de lo que hables; en este tipo de citas el hablar tiene bajo porcentaje, porque es un lugar que no se presta para esto. Y el 1% restante depende de qué tan decidido estés tú en llevártela a la cama, si las condiciones están dadas y tú no actúas, de nada te servirá lo demás. Por esa razón, el último porcentaje es el más importante para poder concretar. Si hacemos cuentas, la tienes muy fácil, prácticamente sólo tienes que trabajar sobre el último 20%, que se refiere a la interacción, lo que hables y tu decisión.

En la primera cita reserva mesa para dos personas, ordena al mesero dos cervezas, pide la de tu preferencia y pregúntale a tu chica: "¿Cuál deseas tomar?". Ahí te darás cuenta si le gusta el trago, si no sabe que elegir, tú decide por ella. Recuerda que dependiendo del lugar a donde la lleves en la primera cita, serán las intenciones que le darás a entender. Cuando una mujer acepta ir a tomar algo, ella anticipa que tú buscas algo más y no es precisamente una amistad. La intención de los tragos es aflojar la tensión que existe en ella, durante el proceso de la primera cerveza dirige la plática sobre las cosas en común que tienen o del ramo en el que ella se desenvuelve; baja sus defensas de manera que empiece tener confianza. En la segunda cerveza, invítala a bailar, si es que la música se presta, dale una vuelta sensual en la que toques su cintura, con esta acción desliza suavemente una de tus manos sobre su cintura para sentir qué tipo de ropa trae puesta; si detectas que trae tanga, esa mujer sabe que te la vas a dar; en caso de que traiga faja, te costará un poquito más de trabajo convencerla de pasar la noche juntos en la cama, porque no salió psicológicamente preparada para ello, pero esto no quiere decir que no lo logres. Cuando termine la melodía, regresa a tu mesa con ella, termina la segunda cerveza acompañada de una plática sobre el baile o haz comentarios sobre cómo bailan los demás, admirando a los que se vea que bailan muy bien. Si notaste que sabe bailar, vuelve a sacarla; si le cuesta trabajo coordinar sus pasos, no le digas nada, sólo sigue disfrutando tu cerveza.

Ahora pide unos tragos diferentes, uno dulce como un mojito para ella y para ti pide uno más fuerte como un *whisky* en las rocas o el de tu preferencia, siempre y cuando no sea vodka con arándanos porque te hará ver como un perdedor. Pero ésa es otra historia de televisión. Con este tercer trago iniciamos con la jugada maestra. Cuando tu chica lleve la mitad del tercer trago, dile de manera segura, clara y sin rodeos: "Vámonos a otro lugar a seguirla". Ella ya sabe a qué te refieres, generalmente te dirá: "No, mejor ya vámonos". Entonces le contestarás que como guste. Pide la cuenta, dile que tome sus cosas porque ya viene la cuenta y revisa cuánto fue. Esto le dará a entender que te molestaste y que estás viendo cuánto fue, ella pensará: "Va a hacer que pague mi parte". No le pidas nada de dinero a ella, paga la cuenta y deja el 10% de propina. No hagas ninguna expresión de disgusto y actúa normal. Sal del establecimiento tomándola de la cintura, notarás que se está poniendo nerviosa. En todo momento muéstrate seguro, actúa como todo un macho alfa al caminar; al llegar hasta tu vehículo la tomas con las dos manos de la cintura, la colocas frente a ti, la abrazas por la cintura, le plantas un beso entre la mejilla y el oído. El beso debe ser suave, prolongado, hasta producir en ella un escalofrío, con la mano izquierda subirás de manera lenta acariciando su espalda hasta subir a la parte trasera de su cuello. Ella en este punto no podrá resistir a este sutil movimiento, si lo haces bien. Debes ser delicado y sensual, por lo menos unos minutos, cuando notes que ya no pueda más, dile al oído suavemente: "Súbete al carro", esperas a que se suba y de inmediato te subes para manejar rumbo al hotel o motel más cercano. Te recomiendo estudiar la zona antes de tu cita, para saber a dónde dirigirte; ahora tú llevas el control. Llega al lugar y pide una habitación; si ella no quiere subir a la habitación, es el momento justo para sacar al patán que has desarrollado. Dile: "No te estoy preguntando, súbete". Te obedecerá. Ya en la habitación, tú debes tomar la iniciativa, haz que ella ceda con caricias, aplica el verbo para seducirla y disfruten ambos del momento. Si deseas que vuelva a haber más encuentros, llévala de regreso a su casa al terminar. Desaparece unos días hasta que ella te contacte y te pregunte por qué no le has hablado. Inventa cualquier cosa. El tiempo en el que te hablará una mujer después de que haya tenido un encuentro contigo es en promedio dos meses. Nunca falla, si no me crees ponlo en práctica y lo confirmarás.

Poco a poco conforme vayas practicando, te darás cuenta la agilidad con la que consigues lo que quieres. Jairo, compañero de preparatoria, después de ser un chico introvertido, empezó a poner en práctica la técnica del maicito en la empresa donde laboraba y a la par estudiaba la periferia de donde laboraba; ubicó los hoteles cercanos, así como los lugares de esparcimiento. Para consumar la técnica invitaba a salir un viernes a su víctima, el vehículo para él no era problema ya que se dirigía con su acompañante caminando al lugar acordado, en el camino, procuraba pasar por algún hotel y unos pasos antes de llegar a la puerta, con una seguridad inquebrantable le decía a la víctima: "Y si mejor pasamos", volteándola a ver sin dejar de caminar. No le daba tiempo ni de balbucear a la mujer cuando ya se dirigían a la puerta del hotel. Era plan con maña, porque si la mujer desviaba su caminar hacia él, era más que obvio que entrarían. Nunca le falló esta técnica. El secreto está en la seguridad con la que dices las cosas y que realmente hagas lo que dices. Honra tus palabras en esas circunstancias.

Para esta táctica te recomiendo contar con un vehículo, prestado, propio, como lo desees, incluso rentado. Trabaja en tu seguridad, que ella será la que te haga más hábil. Cuando conectes a una mujer por alguna aplicación, queda con ella para recogerla. Al llegar en tu vehículo al sitio acordado, envíale un mensaje diciéndole que ya llegaste, para ello te exijo que seas puntual, el mensaje debe salir exactamente a la hora acordada. Le darás las características del vehículo en el que vas, pero no te bajarás de él, cuando ella se acerque, bajarás el vidrio y le dirás que se suba. Cuando ella se suba y cierre la puerta, tú subes el vidrio, te dirá: "Hola" y tú le responderás: "Eres más preciosa en persona" justo en el instante en que te acercas para saludarla con un beso en la mejilla, al ver esta acción ella esperará que le des el beso en la mejilla derecha, pero tu fingirás que será en su mejilla derecha y cuando ya estés cerca cambiarás de opinión, buscarás dárselo en la mejilla izquierda y en ese cambio de movimiento la descontrolarás y le darás un beso de piquito en sus labios. Retrocederás y como si nada hubiera pasado le dirás: "¿Qué onda, qué plan? ¿A dónde vamos?" Ella responderá: "A donde tú quieras, tú dirás". Viéndola a los ojos, le dirás: "Ok, vamos a un hotel"; con esa seguridad te he estado pidiendo que trabajes. Tu mirada debe ser segura, debes permanecer serio, sin sonreír; proyecta madurez, en cuanto termines de decirle esto. Voltea la mirada hacia enfrente, avanza con tu vehículo al hotel más cercano que previamente ubicaste. Recuerda actuar en caliente, entre menos te tardes en llegar al lugar mejor. Hay mujeres que han respondido a esta propuesta con un: "¡Wow! Directo el hombre. ¡Así me gustan!"

¿Has quedado con ganas de saber más secretos? ¡Lo sé! Por este motivo. Estoy muy interesado en saber cuáles han sido tus experiencias después de poner en práctica mis técnicas. Te invito a compartirme tus comentarios al correo: cleverman.escritor@gmail.com

Te agradezco que hayas tomado la decisión de cambiar tu vida. No volverás a ser el mismo, ¡bienvenido al mundo de los alfas!

Testimonios de otros lectores

Antes de leer este libro desconocía totalmente cómo las damas piensan. No tenía sentido de cómo es que ellas interpretan ciertas señales que uno hace sin razón y sentido.

Conforme fui extrayendo la información y digiriéndola, aunque parezca ridículo o sorpresa, empezaron a llegar. Ahora yo tengo una baraja de damas, empecé a ser "como la miel a las abejas". Comencé a notar que me llené de seguridad al hablarles, rompí la barrera de "y qué tal si lo que digo es tonto" así lo pensaba; pero lo que hacía era muy sencillo, dejaba una marca de mi persona en cada una de las mujeres con las cuales convivía y ahora ellas solicitaban mi presencia, notaban esa ausencia y más de una llegó a decirme: "Te necesito", ahora ellas piden mi tiempo, se escucha imposible, pero me funcionó y te funcionará.

MACG

Gracias a las enseñanzas de este libro aprendí a superar mis limitaciones, que no sabía que tenía, mi indecisión y miedo para hablar con esa mujer que pensaba era inalcanzable. En mi caso se trataba de mi maestra de universidad, a quien veía como una mujer linda, seria, inteligente y desaproveché las oportunidades que se presentaban. Pero todo cambió cuando leí este libro y logré identificar varias situaciones similares. Por fin tuve una relación amorosa con ella, cambié mi vida y mi seguridad en mí mismo.

El Perseverante

Cuando leí el libro pude establecer conversaciones más interesantes y efectivas con mujeres. Antes cuando intentaba hablar con una mujer, no lograba llamar su atención; ahora cuando veo una mujer que me interesa no desaprovecho la ocasión y mis resultados van de un café hasta la cama.

El Yisus

Gracias, Cleverman, por compartir tus secretos. Gracias por las experiencias y gracias por hacerme recobrar la confianza, gracias por ayudar a dar esa pausa en este mundo que está corriendo. De ahora en adelante la técnica del maicito confío que ayudará a más de uno, como a mí me ayudó, en su conquista por una fémina.

JFGR

El leer el libro me ayudó a tener más seguridad y confianza. Cambió para bien mi vida, pues me dio el valor que todos requerimos. Después de leer el libro les aseguro que no volverán a ser los mismos. Siempre deseaba salir con una ejecutiva de mi antiguo trabajo; con tus consejos, Cleverman, fue que decidí invitarla a salir, seguí al pie de la letra tus recomendaciones para salir a tomar un café en horario de trabajo. Hoy en día, sólo nos vemos para pasarla bien, sin que haya reclamos por ambas partes. ¡Prepárense para un cambio real!

Anónimo

Gracias, Cleverman, por tus secretos. Aprendí a identificar el tipo de mujeres con las que salgo. Podría decir que aprendí a leer sus pensamientos, logré descifrar qué buscaban en la primera cita. Me hiciste ahorrar dinero al no malgastar en salidas que no me llevaban a nada. Ahora desde la primera cita dejo las cosas en claro y la que guste adelante; la que no, lo siento, habrá otras. Como dicen, "hay más viejas en la Tierra que en el cielo".

El Matador

Cuando me recomendaron leer lo que escribes, Cleverman, te soy sincero, pensé: "son puras *mamadas*". Leí las primeras páginas, inconscientemente puse algunos consejos en práctica. La *neta*, mis respetos. Vi que todo iba funcionando y terminé de leer tu libro.

Ahora me has callado el hocico. Todo lo que dices funciona. Ahora chava que me propongo, chava que me doy.

Sergio

Comprendí que las flores son cosas del pasado. Lo de hoy es tener esa seguridad que logré recuperar. Comprobé que efectivamente tienen más peso las palabras que los detalles. Al caminar transmito seguridad y esa seguridad la perciben las mujeres. Me voltean a ver como si fuera algún galán de telenovela. Aprovecho cada oportunidad. Aprendí a leer los movimientos de las mujeres y ahora sé cuándo quieren sexo o sólo dinero. Espero que muchos tengan acceso a tus secretos.

El Dandy

Agradecimiento. Antes de leer este material no tenía éxito con las mujeres, no podía establecer conversaciones con mujeres que no conociera o con las que no hubiera tenido algún conocimiento previo, pero todo ha cambiado. Ahora que conozco las vivencias y consejos que contienen las páginas de este libro, en verdad no puedo expresar la gratitud que tengo, porque ahora tengo esa confianza ganada con base en el conocimiento que adquirí leyendo este libro. Dejé de ser el tímido para convertirme en alguien totalmente diferente. Muestra de ello fue que me armé de valor y utilizando frases y *tips* que vienen en tu libro, me di en la primera cita a la mujer de mis sueños sin gastar nada de dinero.

Lenon

Índice